쉬운 설명과 실용적 예제로 배우는 알고리즘

쉽게 설명한
자바스크립트
알고리즘
JavaScript Algorithm

한상훈 저

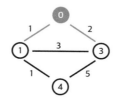

YoungJin.com **Y.**
영진닷컴

쉽게 설명한
자바스크립트 알고리즘

ISBN 978-89-314-7725-2

독자님의 의견을 받습니다.
이 책을 구입한 독자님은 영진닷컴의 가장 중요한 비평가이자 조언가입니다. 저희 책의 장점과 문제점이 무엇인지, 어떤 책이 출판되기를 바라는지, 책을 더욱 알차게 꾸밀 수 있는 아이디어가 있으면 팩스나 이메일, 또는 우편으로 연락 주시기 바랍니다. 의견을 주실 때에는 책 제목 및 독자님의 성함과 연락처(전화번호나 이메일)를 꼭 남겨 주시기 바랍니다. 독자님의 의견에 대해 바로 답변을 드리고, 또 독자님의 의견을 다음 책에 충분히 반영하도록 늘 노력하겠습니다.

주 소 : (우)08512 서울특별시 금천구 디지털로9길 32 갑을그레이트밸리 B동 1001호
이메일 : support@youngjin.com
※ 파본이나 잘못된 도서는 구입처에서 교환 및 환불해드립니다.

STAFF

저자 한상훈 | **총괄** 김태경 | **진행** 김용기 | **디자인·편집** 김효정
영업 박준용, 임용수, 김도현, 이윤철 | **마케팅** 이승희, 김근주, 조민영, 김민지, 김진희, 이현아
제작 황장협 | **인쇄** 예림

지난 몇 년은 필자와 같은 웹 개발자들에게 있어서는 천금 같은 시간이었습니다. 프로그래밍 역사를 돌이켜 보면 오랫동안 메이저 프로그래밍 언어와 트렌드는 웹이 아닌 다른 곳에 있었습니다. C 언어, C++, C# 기반의 프로그램과 지금도 다양한 플랫폼에서 사용되는 자바와 같은 언어들이 개발자들의 사랑을 받았습니다.

현재 자바스크립트의 위상은 그 어떤 과거의 시기보다 높고, 많은 개발자들이 필수적으로 다루는 언어가 됐습니다. 또한 자바스크립트의 쉬운 문법과 어렵지 않은 사용법, 그리고 쉽게 결과물을 만들어보고 테스트해 볼 수 있다는 장점은 초보 개발자들에게 개발의 문을 활짝 열어주었습니다.

필자는 이 책을 통해 "특정한 코드가 정답이 아니고, 최고 성능이 나오지 않더라도 오답이 아니다."라는 메시지를 전하고 싶습니다. 다른 알고리즘 책과는 다르게 필자는 여러 가지 '해답'을 바탕으로 조금 더 나은 코드를 제안하고 싶습니다. 이를 위해 초급 개발자들이 쉽게 할 수 있는 여러 오답에 가까워 보이는 코드 케이스부터, 조금 더 나은 코드, 조금 더 예외 케이스를 고려한 코드 등으로 '여러 고민들이 담긴 코드'에 대해 이야기하고자 합니다. 이 책은 이제 막 알고리즘을 배우려는 초보 개발자를 예상 독자로 생각하며 글을 썼습니다. 이를 위해 표현을 쉽고, 부드럽고, 말랑말랑하게 하는 데 중점을 두었고, 수식이나 코드 덩어리를 던져두기보다는 잘게 잘라낸 코드로 준비했습니다.

이 책은 다른 알고리즘 책과 다르게 원하는 장을 찾아서 보기보다는 처음부터 일독하시는 것을 권장합니다. 각 알고리즘에 대한 설명 사이사이에 자바스크립트라는 언어, 시스템과 연결되는 부분에 대한 설명을 섞어 서술하고, 또한 알고리즘 사이사이의 관계나 장단점 등을 쭉 이어서 보기에 적합하게 설명하고 있습니다. 이미 알고 계신 파트는 빠르게 읽고, 중간중간 처음 듣는 스토리나 몰랐던 내용이 있으셨다면 체크해보면서 읽는 방식이 큰 도움이 되실 것입니다.

이 책은 학문적인 이야기를 줄이고, 개발자의 입장에서 개발자의 언어로 알고리즘을 설명하고자 노력했습니다. 그런데도 필요한 용어와 개념들에 대해서는 최대한 개발자에게 친숙한 언어를 사용해 설명하고자 했습니다.

이러한 진심이 전해지기를 바라며 다른 알고리즘 책에서 맛본 적 없는 재미와 신선함을 느끼셨으면 좋겠습니다. 이 책이 여러분의 커리어와 개발 실력 향상에 큰 도움이 되었으면 하는 마음으로 이 책을 시작하겠습니다.

한상훈

우승미

개발 공부를 하면서 알고리즘 공부가 필요하다는 생각은 계속 가지고 있었습니다. 하지만 자바스 크립트 코드로 접할 수 있는 자료가 많지 않았고, 시작했다가도 매번 공부에 흥미를 붙이기가 쉽 지 않았습니다. 이 책은 처음부터 알고리즘에 대한 자세한 설명을 통해 해당 이론에 대해 쌓여있 던 두려움을 조금씩 무너뜨려 줍니다. 특히 스토리가 있는 설명과 적절한 그림, 예시에 대한 자바 스크립트 코드를 함께 보여줘서 어떤 식으로 알고리즘이 적용되는지 전체적으로 연결 지어 이해 할 수 있는 점이 좋았습니다. 알고리즘 공부에 어려움을 느끼고, 기본기를 다지고 싶은 모든 사람에게 추천합니다.

배지훈

이 책의 가장 큰 장점은 간결함과 명료함입니다. 코드와 설명이 불필요하게 길지 않아 내용을 쉽 게 이해할 수 있습니다. 또한, 예제들이 친화적이고 주제에 대한 직관적인 이해를 돕습니다. 뿐만 아니라, Javascript 를 사용하는 프론트엔드 개발자들에게 인사이트를 주는 내용들도 이 책의 큰 특 징입니다. 이 책은 기본에 충실하여 컴퓨터 과학의 주요 알고리즘을 다루며, 입문자에게 특히 유 용합니다. 알고리즘을 처음 배우는 사람들에게 강력히 추천하고 싶은 책입니다.

최병현

신입 또는 현업 자바스크립트 개발자 모두에게 이 책을 강력히 추천하고 싶습니다. 생활 속에서의 익숙하고 재미있는 예제를 통해 각 알고리즘을 설명하며, 가시적인 참고 이미지를 제공하여 학습 의 기준점을 명확히 제시합니다.

취업 및 이직을 위한 코딩테스트 학습과 더불어 실제 현업에서 복잡한 요구 사항을 직면했을 때, 자바스크립트의 내장 메서드나 라이브러리만을 사용하여 문제를 쉽게 해결하려고만 하시나요? 단순 구현에 급급한 코더(coder)가 아닌, 상황에 맞는 다양한 알고리즘 지식을 활용하여 보다 정 교한 수준에서 문제를 해결하는 개발자가 되고 싶다면, 이 책은 그런 목표를 가진 사람들에게 최 적의 선택이 될 것입니다.

김형민

현재 프론트엔드 개발의 주니어를 갓 벗어난 연차로써 이 책은 다시 한번 기본기를 점검하게 해 줍니다. 자바스크립트는 프론트엔드 개발뿐만 아니라 백엔드 개발에서도 사용되므로 이 책은 자 바스크립트를 이용하는 개발자들에게 전반적인 기본기를 되돌아보고 탄탄하게 다질 수 있게 해줍니다. 이 책은 주니어 개발자 및 개발자를 꿈꾸는 취업준비생, 코딩 테스트를 앞둔 분들에게도 추천할 만한 내용입니다. 자칫 어려울 수 있는 내용을 다양한 예제를 통해 풀어냄으로써 어렵지 않고 이해하기 쉽게 되어 있어 예제를 따라가다 보면 자연스레 이해하게 되고 흥미가 생기게 됩니다. 많은 분에게 추천하고 싶습니다.

김우진

개발을 할 때, 기능 구현을 넘어 코드의 성능, 효율까지 생각하게 된다면 알고리즘 지식은 필요하다고 생각합니다. 이 책의 장점은 쉽게 설명해 주는 알고리즘 이론과 코드로 보여주는 적절한 예시입니다. 이 책을 통해 알고리즘에 조금 더 가까워질 수 있는 계기가 되었습니다. 주니어 개발자, 비전공자분들에게 이 책을 추천합니다.

이 책을 보는 법

예제 소스 다운로드

이 책에 사용된 예제 코드는 https://github.com/joshephan/js-algorithm에서 장별 소스코드를 확인할 수 있습니다.

동영상 강의

이 책에 대한 온라인 동영상 강의는 영진닷컴 유튜브 채널(www.youtube.com/@IT-Youngjin)을 통해 동영상 강의가 제공되고 있습니다.

스터디 카페

네이버 카페(개프로 – 개발자 되기 프로젝트): http://cafe.naver.com/codingbeginner
개프로 카페에서 다양한 개발 꿀팁과 스터디 정보를 빠르게 얻을 수 있습니다.

목차

1장

알고리즘

알고리즘과 자바스크립트

아마도 현 시대에서 알고리즘(Algorithm)이라는 단어를 가장 많이 접하고, 들을 수 있는 곳은 다름 아닌 '유튜브'일 겁니다. '유튜브 알고리즘 신이 택하면 조회수가 떡상한다.'라 는 말도 있고, '알 수 없는 알고리즘 때문에 갑자기 내 조회수가 떨어졌다.'라고 하면서 유튜브 알고리즘을 탓하는 유튜버들도 있습니다.

이처럼 알고리즘은 주변에서 쉽게 들을 수 있는 단어가 됐지만 동시에 '알고리즘이 정확 히 무엇을 말하는가?' '알고리즘의 정의는 무엇인가?'와 같은 질문을 하면 답하기 쉽진 않습니다. 알고리즘의 사전적인 정의로 '주어진 문제를 논리적으로 해결하기 위해 필요 한 절차, 방법, 명령어들을 모아놓은 것'이라는 것을 알 수 있습니다. 그러나 프로그래밍 관점에서 개념을 확장해본다면 프로그래밍 자체가 곧 알고리즘과 같습니다.

아마도 이 책을 보시는 분들은 Hello world!와 같은 프로젝트를 적어도 한 번은 해보셨을 겁니다. 자바스크립트에서 Hello world!를 만드는 방법을 적어볼까요?

```
#javascript

console.log("Hello world!");
```

코드 1-1

코드 1-1을 실행시키면 콘솔에 Hello world! 문자열이 나타납니다. 굉장히 단순한 프로 그래밍이지만 사실 이렇게 단순해 보이는 코드 1-1의 한 줄도 알고리즘이라 할 수 있습 니다. 여기서 프로그래밍을 하기 위해 주어진 문제와 해결 방법은 다음과 같습니다.

해결하고자 하는 문제: "Hello world!" 문자열을 출력

해결하는 방법: 전역 메서드 console.log를 사용하여 문자열 반환

만약 위의 문제를 해결하는데 자바스크립트 언어에서 console.log 메서드가 존재하지 않 는다면 어떻게 해야할까요? 아마도 우리는 자바스크립트의 다른 기본 기능들과 문서를 찾아가면서 여러 코드를 작성해 동일한 기능을 구현할 것입니다. 즉, **개발자가 쓰는 코 드 한 줄 한 줄은 사실상 알고리즘(특정 문제를 해결하기 위한 명령어의 집합)과 같습니**

다.

여러분은 이제 그동안 썼던 모든 코드가 알고리즘이라는 걸 아셨습니다. 동시에 앞으로 써야 할 모든 코드 역시 알고리즘이라는 것을 아시게 된 셈입니다.

앞선 예시를 조금 바꿔보겠습니다. 여러분은 "Hello" 다음에 여러분의 모든 친구 이름을 넣어 반환해야 한다면 어떨까요? 가장 단순한 방법은 다음과 같습니다.

```javascript
#javascript

console.log("Hello 민준");
console.log("Hello 서윤");
console.log("Hello 지우");
console.log("Hello 지호");
console.log("Hello 준우");
```

코드 1-2

위와 같이 친구의 이름을 하나하나 적으면 문제는 해결할 수 있습니다만 필자와 다르게 친구가 수백 명이 있다면 어떻게 해결할 수 있을까요? 수백 줄의 텍스트를 일일이 작성하는 건 그 누구도 원하지 않을 겁니다. 친구 목록을 배열로 받아 자바스크립트의 for 반복문을 써보면 다음과 같이 해결할 수 있습니다.

```javascript
#javascript

const friends = ["민준", "서윤", "지우", "지호", "준우"];

for (let i = 0; i < friends.length; i++) {
  console.log("Hello " + friends[i]);
}
```

코드 1-3

코드 1-3과 같이 사용하면 친구의 이름만 배열로 담아 반복문을 통해 수백, 수천, 수만 명도 코드 4줄로 해결할 수 있습니다. 그렇지만 이 반복문을 더 개선해 볼 수 있을까요?

```
#javascript

const friends = ["민준", "서윤", "지우", "지호", "준우"];

friends.forEach(name => console.log("Hello" + name));
```

코드 1-4

자바스크립트 배열의 프로토타입 메서드인 forEach를 사용하면 배열을 순회하며 반복 명령을 실행할 수 있습니다. 이렇게 하면 불필요하게 for 반복문에 사용될 i와 같은 변수 선언도 할 필요가 없어집니다. 또한 가독성도 개선됩니다.

코드 1-4는 성능보다는 개발자의 편의성과 가독성을 위해서 개선한 코드지만 넓은 범주에서는 더 나은 형태로 문제를 해결하는 알고리즘이라 할 수 있습니다. 특히 자바스크립트 언어에서 알고리즘 문제를 해결할 때는 많은 경우 자바스크립트에서 기본적으로 제공하는 자료형의 메서드를 사용해 문제를 해결합니다. for, while과 같은 반복문을 사용해 문제를 해결하는 경우도 있지만 Array의 프로토타입 메서드를 사용하거나 Object, Set과 같은 자료형의 메서드를 사용해서 해결하는 경우가 대부분입니다.

바꿔 말하면 과거에는 수십 줄에 걸쳐 코드를 작성해야 구현할 수 있는 코드가 자바스크립트 언어에서 제공하는 하나의 메서드로 해결할 수 있습니다. 그러므로 자바스크립트를 사용하여 알고리즘을 공부한다는 것은 알고리즘에 대한 이해뿐만 아니라 자바스크립트가 가진 여러 강력한 메서드들을 알고, 이해하고, 실제 코드 작성 시에 적재적소에 사용할 수 있는 능력을 키워야 합니다.

앞의 코드 forEach와 다르게 신규 배열을 만들어야 하는 경우를 생각해 보면 더욱 선명하게 차이가 나타납니다. 이번에는 필자가 만든 친구 배열에 모두 '김'이라는 성씨를 붙인 배열을 만들고 싶습니다. 반복문과 메서드의 차이점은 무엇이 있을까요?

```
#javascript

let friends = ["민준", "서윤", "지우", "지호", "준우"];
```

```
function addFamilyName(array) {

  let newFriends = [];

  for (let i = 0; i < array.length; i++) {
      newFriends.push("김" + array [i]);
  }

  return newFriends

}

friends = addFamilyName(friends);
```

코드 1-5

반복문을 사용하는 경우 newFriends라는 신규 배열을 만들고 해당 배열에 푸시하는 과정을 반복합니다. 그러나 실제 개발자들의 대부분은 앞의 코드처럼 개발하기보단 Array. prototype.map( ) 메서드를 사용합니다.

```
#javascript

let friends = ["민준", "서윤", "지우", "지호", "준우"];

friends = friends.map(name => ("김"+name));
```

코드 1-6

이처럼 자바스크립트 메서드는 그 자체로 알고리즘을 담고 있는 함수입니다. 복잡한 명령을 간결하게 만들어주고, 간결해진 명령만큼 개발자는 알아보기 쉽고, 맥락을 이해하기 쉽고, 어떤 동작을 할지 예상하기 쉽게 만듭니다.

자바스크립트의 프로토타입 메서드

메서드가 곧 알고리즘이라는 것을 아셨다면 우리가 해결해야 할 알고리즘의 종류를 배우기 전에 우리가 가진 무기인 자바스크립트의 데이터 타입별 프로토타입 메서드를 배우는 게 먼저라고 할 수 있습니다.

자바스크립트의 대표적인 데이터 타입은 다음과 같습니다

- Boolean: true와 false 중 하나의 값을 가질 수 있는 논리 요소
- Null: null 값만 가질 수 있는 요소
- Undefined: 할당되지 않은 변수에 사용되는 요소. undefined 값만을 가짐
- Number: 숫자를 담당하며 Number와 BigInt 두 가지 내장 타입을 가짐
- BigInt: Number 한계를 넘어서는 정수를 연산하고, 저장할 수 있음
- String: 텍스트 데이터를 나타내는 요소
- Symbol: 고유하고 변경 불가능한 값. 객체의 속성 키로 사용할 수 있음

원시 데이터 타입을 확인할 수 있고, 추가로 객체와 함수, 키 콜렉션에 해당하는 Map, Set, WeakMap, WeakSet 등이 있습니다. 타입이 많아서 언제 다 메서드를 공부할까 고민될 수 있으나 실제 개발에서 자료형의 프로토타입 메서드를 사용하는 경우는 Number, String, Object, Array 정도입니다. 공부를 시작하는 입장에서는 많이 사용되는 4가지 데이터 타입의 메서드를 눈에 익혀 두시면 큰 도움이 됩니다. 데이터 타입별 메서드에 대한 내용은 MDN 문서를 통해 확인해 보세요.

- https://developer.mozilla.org/ko/docs/Web/JavaScript/Reference/Global_Objects/ Number
- https://developer.mozilla.org/ko/docs/Web/JavaScript/Reference/Global_Objects/ String
- https://developer.mozilla.org/ko/docs/Web/JavaScript/Reference/Global_Objects/ Object
- https://developer.mozilla.org/ko/docs/Web/JavaScript/Reference/Global_Objects/ Array

책에서는 각 케이스에 적절한 메서드를 간략히 설명하고 진행하니 MDN 문서를 모두 정독하고 책을 읽으실 필요는 없습니다.

빅오 표현법과 시간 복잡도

알고리즘을 공부할 때 가장 처음 배워야 할 개념이자 첫 번째 관문은 빅오(Big-O) 표현법입니다. 빅오 표현법을 한마디로 정의하면 **'최악의 경우가 나올 경우 얼마나 오래 걸리는가?'**라 할 수 있습니다. 어려운 말로 상한 점근을 뜻합니다.*

알고리즘의 성능을 결정하는 요인은 내가 원하는 대로 데이터가 준비되는 경우가 아닌 극단적인 상황을 고려해야 합니다. 빅오 표현법에서는 데이터 입력 조건을 n이라고 할 때, n이 무한대로 커지는 경우를 고려해 표기하게 됩니다. 즉 빅오 표현법을 사용하면 알고리즘의 성능을 한눈에 알 수 있습니다.

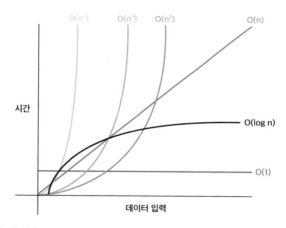

그림 1-1 빅오 표현법 성능 차트

빅오 표현법을 이해하기 위해 그림 1-1을 살펴봅시다. O(1)인 경우에는 데이터 입력과 상관없이 시간이 동일하게 소요됩니다. 즉 n값이 증가해도 소요되는 시간의 차이가 없는 경우를 뜻합니다.

```
#javascript

const a = 1;
```

코드 1-7

---

* 빅오 표현법 이외에도 하한 점근을 뜻하는 빅오메가, 빅오와 빅오메가의 평균을 표현하는 빅세타 표현법도 존재합니다.

코드 1-7을 무한히 실행시켜도 1회 요청을 할 때 소요되는 시간은 언제나 동일할 것입니다.

두 번째로 O(n)인 경우를 봅시다. O(n) 그래프는 y = x 그래프처럼 x축 값이 증가함에 따라 y축 값도 일정하게 증가합니다. 입력값이 증가하면 그만큼 소요되는 시간도 늘어나는 경우를 뜻합니다. 이에 해당하는 코드는 다음과 같습니다.

```javascript
#javascript

function loop (n) {
  for (let i = 0; i <n; i++) {
    console.log('Hello');
  }
}
```

코드 1-8

시스템상에 console.log( ) 명령을 호출하는 시간이 1ms(1,000분의 1초)라면, n값이 증가함에 따라 소요되는 시간도 동일하게 증가합니다. 코드로 생각해 보면 단순 반복문은 O(n) 복잡도를 가진다고 말할 수 있습니다.

세 번째로 O(n^2) 그래프를 봅시다. n값이 증가함에 따라 소요 시간이 제곱으로 증가합니다. 이는 다음과 같이 표현할 수 있습니다.

```javascript
#javascript

function loop (n) {
  for (let i = 0; i <n; i++) {
    for(let j = 0; j < n; j++ {
      console.log('Hello');
    }
  }
}
```

코드 1-9

n이 1인 경우에는 1번 console.log( )가 호출되지만, n이 2인 경우엔 4번, 3인 경우엔 9번 호출됩니다. 이처럼 O( ) 형태로 표현되는 빅오 표현법은 알고리즘이 n의 증가(데이터 입력)에 따라 시간이 얼마나 소요되는지 알 수 있습니다. 여기서 말하는 시간의 소요를 시간 복잡도라고 표현하고, O(n)은 1차 시간, O(n²)은 2차 시간이 소요된다고 표현합니다.

1차 시간과 2차 시간뿐만 아니라 다양한 형태의 알고리즘 성능이 존재합니다. 표 1-1은 n에 따른 시간 증가를 나타냅니다.

시간/n	1	2	3	4	8	16	32	64	1000
1	1	1	1	1	1	1	1	1	1
log n	0	1	1.58	2	3	4	5	6	9.97
n	1	2	3	4	8	16	32	64	1,000
n log n	0	2	4.75	8	24	64	160	384	9,966
n^2	1	4	9	16	64	256	1,024	4,096	1,000,000
n^3	1	8	27	64	512	4,096	32,768	262,144	1,000,000,000
2^n	2	4	8	16	256	65,536	4,294,967,296	약 1.844×10^{19}	약 1.07×10^{301}
n!	1	2	6	24	40,320	20,922,789,888,000	약 2.63×10^{35}	약 1.27×10^{89}	약 4.02×10^{2567}

표 1-1

표 1-1의 데이터 테이블은 코드를 쓸 때 재귀적 연산이 들어가면 안되는 이유를 증명하기도 하는데, 만약 여러분의 코드가 O(n³)이나 O(n!), O(2ⁿ)과 같은 형태로 표현된다면 실제 서비스가 운영되는 와중에 심각한 문제를 초래할 수 있을 겁니다.

4 공간 복잡도

복잡도를 표현할 때 우리는 O(n)를 사용해서 표현하는 것을 배웠습니다. 앞선 예시에서는 시간 복잡도를 다뤘는데, 우리가 연산할 때 시간만 사용하지 않습니다. 바로 메모리를 사용하게 되고, 이를 공간 복잡도를 통해서 확인하게 됩니다.

공간 복잡도는 얼마나 많은 컴퓨터 자원을 사용하는지를 표현합니다. 총 공간 요구량(S(P))은 고정 공간 요구(c)와 가변 공간 요구($S_p(n)$)로 나타낼 수 있으며 수식으로 표현하면,

$$S(P) = c + S_p(n)$$

로 표현합니다.

대표적인 공간 복잡도 예시인 팩토리얼(factorial) 함수를 살펴보겠습니다.

```javascript
#javascript

function factorial (n) {
  return n > 0 ? n * factorial(n-1) : 1;
}
```

코드 1-10

코드 1-10의 함수를 실행시키면 복잡도가 어떻게 될까요? 재귀 함수 형태를 띠기 때문에 계산이 어려워 보이지만 생각해 보면 n이 양수일 때 n개의 팩토리얼 함수가 호출됩니다. 함수의 연산이 종료될 때까지 시스템은 n개 팩토리얼 함수에 대해 메모리상에서 할당하여 스택이 쌓이게 될 것입니다. 즉 공간 복잡도는 O(n)이라고 볼 수 있습니다.

그러나 똑같은 기능을 하는 함수를 다르게 작성하면 어떻게 될까요? 공간 복잡도를 줄이는 방향으로 코드를 쓸 수 있습니다.

```javascript
#javascript

function factorial (n) {
  let fac = 1;
  for (let i = 1; i <= n; i++) {
    fac = fac * i;
  }
  return fac;
}
```

코드 1-11

코드 1-10과 코드 1-11의 차이점은 순회하는 방향의 차이가 있고, 선언되는 변수의 개수 차이가 존재합니다. 코드 1-11은 1부터 하나씩 증가하며 목표치인 n까지 곱하는 방식으로, 메모리에는 i와 fac의 변수가 덮어씌워지고 있을 뿐 추가적인 메모리를 차지하지 않습니다. 2개의 메모리를 차지하고 있으나, 입력값인 n에 영향을 받는 공간 메모리 증가가 없으므로, 공간 복잡도는 O(1)이 됩니다.

5 코드를 빅오 표현법으로 표현하기

빅오 표현법은 크게 **계수 법칙, 합의 법칙, 다항 법칙, 곱의 법칙, 전이 법칙**을 통해 코드를 빅오 표현법으로 표시할 수 있습니다.

1) 계수 법칙

정의: (상수 k > 0) f(n)이 O(g(n))이면 kf(n)은 O(g(n))이다.

계수 법칙의 정의를 살펴보면 복잡해 보이는 수식이 나오는 것 같지만 해석해 보면 쉽습니다. f(n), g(n)은 해당 알고리즘이 가지고 있는 총연산의 횟수(n)에 대한 함수입니다. 가령 f(n) = n + 10이라고 표기한다면 해당 알고리즘은 n = 100일 때 총 110번의 연산을 발생시키는 함수입니다. 마찬가지로 kf(n)은 함수 f(n)에 k배를 곱한 연산 횟수 함수라 할 수 있습니다. 만약 k에 10을 넣고 위의 식을 설명한다고 하면,

$$10 \times f(n) = O(g(n))$$
$$f(n) = O(g(n))$$

예를 들어, f(n) = n + 10이라는 함수가 있다면 $10 \times f(n) = 10n + 100$입니다. 계수 법칙을 따르면 n에 있는 0보다 큰 k의 값은 무시해도 되기 때문에 다음과 같이 표현할 수 있습니다.

$$10 \times f(n) = 10n + 100 \rightarrow = n + 100$$

복잡도를 계산할 때 입력 변수에 해당하는 n에 영향을 받지 않은 상수항은 무시해도 상관없기 때문에 + 100도 제거할 수 있습니다. 최종적으로 다음과 같이 변환됩니다.

$$f(n) = n + 10 \rightarrow n \rightarrow O(n)$$
$$10 \times f(n) = 10n + 100 \rightarrow = n + 100 \rightarrow n \rightarrow O(n)$$

수식은 이렇게 표현할 수 있지만 실제 코드를 보는게 더 좋겠죠? 코드 1-11은 단순한 반복문에 count라는 값을 일정하게 더하는 함수입니다.

```javascript
function addLoopCount (n) {
  let count = 0;

  for (let i = 0; i < n; i++) {
    count += 1;
  }

  return count;
}
```

코드 1-12

코드 1-12는 for문에서 변수 n에 대해서 연산을 수행하고 있습니다. 이를 빅오 계산을 할 때 f(n) = n이라고 표현할 수 있습니다. 그러면 10×f(n)은 무엇이 될까요? 다음과 같은 함수가 됩니다.

```javascript
function addLoopCount (n) {
  let count = 0;

  for (let i = 0; i < 10 * n; i++) {
    count += 1;
  }

  return count;
}
```

코드 1-13

10배의 반복문 연산이 발생했다면 10n이라 할 수 있겠죠? 이때 중요한 개념은 n이 무한으로 갈 때 10배를 한 n과 n의 차이는 없으므로 결과적으로 코드 1-12, 코드 1-13은 동일한 복잡도를 갖고있다라고 할 수 있습니다. 계수 법칙은 앞의 내용과 같이 n 앞에 붙은 계수(0보다 큰 k 상수)의 값을 무시하라는 의미입니다.

```javascript
#javascript

function addLoopCount (n) {
  let count = 0;

  for (let i = 0; i < n; i++) {
    count += 1;
  }

  count += count;

  return count;
}
```

코드 1-14

그러면 만약 코드 1-14와 같이 count += count; 명령어가 추가되어 연산이 늘어난 경우는 어떨까요? 이 경우에도 빅오 표현법상 같은 복잡도를 가지고 있습니다. f(n)으로 계산하면 다음과 같습니다.

- for문에 있는 n회 연산 = n
- count += count; 1회 연산

어떠한 n값이 들어오던 총연산의 횟수 n + 1이 됩니다. 이를 f(n) = n + 1이라 표현할 수 있습니다. 계수 법칙은 n 앞에 들어가는 0보다 큰 상수 k가 있다고 해도 이를 무시해도 되고, 또한 n보다 낮은 차수인 정해진 횟수의 연산은 무시해도 됩니다. n이 무한대로 갈 때 +1이나 +100이나 차이가 없기 때문입니다.

2) 합의 법칙

정의: f(n)이 O(h(n))이고, g(n)이 O(p(n))이라면 f(n) + g(n)은 O(h(n)+p(n))이다.

합의 법칙은 이름에서 유추할 수 있듯, 2개 이상의 빅오 표현을 더할 때 적용되는 규칙을 의미합니다.

```javascript
#javascript

function addLoopCount (n) {
  let count = 0;

  for (let i = 0; i < n; i++) {
    count += 1;
  }

  for (let i = 0; i < 10 * n; i++) {
    count += 1;
  }

  return count;
}
```

코드 1-15

코드 1-15는 두 개의 반복문이 존재하는 함수입니다. 첫 번째 반복문은 n회 반복하며, 두 번째 반복문은 10×n회 반복합니다. $f(n) = n + 10n = 11n$이라고 표현할 수 있습니다. 11n의 복잡도는 계수 법칙에 따라 n의 복잡도와 동일합니다.

합의 법칙은 간단하게 계산할 수 있지만 주의할 점은 합의 법칙을 적용한 연산 횟수는 더한 후 계수 법칙을 통해 상수를 제거해 주어야 합니다. 즉 이경우엔 $f(n) = n + 10n = 11n = n$으로 최종적으로 n이 되어야 다른 법칙을 합해서 빅오 표현을 할 때 문제가 생기지 않습니다.

3) 다항 법칙

정의: $f(n)$이 k차 다항식이면 $f(n)$은 $O(n^k)$다.

다항 법칙은 다항 시간의 복잡도가 다항 차수를 가진 알고리즘과 동일한 빅오라는 걸 알려줍니다. 코드를 통한 예시를 살펴보겠습니다.

```javascript
#javascript

function addLoopCount (n) {
  let count = 0;

  for (let i = 0; i < n * n; i++) {
    count += 1;
  }

  return count;
}
```

코드 1-16

코드 1-16을 보면 n×n, 즉 n^2에 해당하는 횟수만큼 명령이 발생합니다. 이는 $f(n) = n^2$이라 할 수 있고, 이는 $O(n^2)$으로 표현할 수 있습니다.

4) 곱의 법칙

> **정의: f(n)이 O(h(n))이고 g(n)이 O(p(n))이면 f(n)g(n)은 O(h(n)p(n))이다.**

곱의 법칙은 하나의 연산이 발생하는 것과 다른 연산이 서로 영향을 받아 곱해지는 경우로 볼 수 있습니다.

```javascript
#javascript

function addLoopCount (n) {
  let count = 0;

    for (let i = 0; i < n; i++) { // 1번 반복문
      for (let i = 0; i < 10 * n; i++) { // 2번 반복문
        count += 1;
      }
    }
```

```
    return count;
    }
```

코드 1-17을 보면 1번 반복문에서 명령이 발생하면 2번 반복문은 10×n회 반복하게 됩니다. 당연히 총연산은 n×10×n = $10 \times n^2$회 발생하게 됩니다. 계수 법칙을 적용하면 $10n^2 = n^2$ 이며, $O(n^2)$으로 표현할 수 있습니다.

5) 전이 법칙

정의: f(n)이 O(g(n))이고 g(n)이 O(h(n))이면 f(n)은 O(h(n))이다.

마지막으로 전이 법칙은 동일한 시간 복잡도를 가진 복잡도는 동일한 빅오 표기로 표현이 가능하다는 것을 배울 수 있습니다.

이제 알고리즘을 배우기 위해 필수로 알아야 하는 것이 무엇인지 배웠습니다. 첫 번째로 자바스크립트에서 제공하는 데이터 타입이 가지고 있는 프로토타입 메서드, 두 번째는 빅오 표현법입니다. 마지막으로 빅오 표현법을 계산하기 위한 5가지 법칙입니다. 이 세 가지의 무기가 생겼으니 대표적인 알고리즘을 알아보고 본격적인 알고리즘 패턴 공부를 시작하겠습니다.

2장

정렬 알고리즘

정렬 알고리즘이란

개발자가 알고리즘을 통해 해결해야 하는 문제는 대부분 데이터 사이즈가 크거나 특정한 수학적 문제를 코드로 해결해야 하는 경우라 할 수 있습니다. 후자의 경우에는 특별한 서비스를 만드는 경우가 아니라면 경험하기 힘들지만, 전자와 같이 데이터 사이즈가 커지는 경우에 대한 처리는 비교적 자주 만나게 되는 문제입니다. 그런 면에서 정렬 알고리즘은 개발자들에게 필수 덕목이라 할 수 있고, 가장 범용적으로 사용되는 알고리즘 패턴이라고 할 수 있습니다.

정렬 알고리즘은 이름에서 알 수 있듯 데이터를 정렬하는 데 목적이 있습니다. 보통 정렬 알고리즘은 데이터 세트 중에서 최선의 값을 순서대로 뽑아낼 때 사용하는데, 이를 위해 전체 데이터를 정렬하는 작업을 하고 맨 앞이나 맨 뒤의 데이터 중 원하는 것을 뽑아낼 때 사용하곤 합니다.

대표적인 정렬 알고리즘은 다음과 같습니다.

- 버블 정렬(Bubble sort)
- 선택 정렬(Selection sort)
- 삽입 정렬(Insert sort)
- 합병 정렬(Merge sort)
- 퀵 정렬(Quick sort)
- 힙 정렬(Heap sort)
- 기수 정렬(Radix sort)

정렬 패턴에는 각각 장점과 단점이 존재합니다. 최적의 패턴을 찾기 위해서는 다음의 항목을 먼저 확인해야 합니다.

- 시간 복잡도
- 메모리 사용량
- 직렬인지 병렬인지 여부
- 데이터 순서의 안정성

1) 시간 복잡도

시간 복잡도의 경우 1장에서 살펴봤습니다. 각 패턴은 빅오 표현법에 따라 적절한 알고리즘이 정해져 있습니다. 나중에 알아볼 예정이지만, 버블 정렬은 $O(n^2)$으로 표현할 수 있습니다.

2) 메모리 사용량

메모리 사용량은 단일 연산에 사용되는 메모리를 기준으로 연산의 횟수만큼 곱해진 양이 시스템에 필요한 총 메모리 사용량이 될 것입니다. 가령 코드 2-1처럼 변수 선언을 하게 된다면 데이터 타입에 따라 정해진 만큼 메모리를 소비하게 됩니다. 해당 변수의 값을 할당한다면 이 역시 메모리를 소모하게 될 것입니다.

```
#javascript

let a; // 메모리 할당, a = undefined

a = 1; // 데이터 타입이 변경되며 메모리 할당, a = 1
```

코드 2-1

자바스크립트의 경우 변수를 선언할 때 var, let, const를 사용하고, 함수 선언을 할 때 function 정도가 있어서 데이터 타입과 메모리 할당에 대해 크게 고민하지 않습니다. 그러나 다른 언어들의 경우 변수 선언하는 것부터 메모리 할당과 직결되어 있어 항상 생각해야 합니다.

```
#C

short a = 1; // short 타입은 2바이트 사용. 정수. -32768 ~ 32767까지 값만 허용
int b = 1; // int 타입은 4바이트 사용. 정수. -2147483648 ~ 2148493647까지 값만 허용
char c = 1; // char 타입은 1바이트 사용. 문자와 정수. -128 ~ 127까지 값만 허용
```

코드 2-2

코드 2-2와 같이 C언어는 메모리에 직접 포인팅을 해서 컨트롤할 수 있는 언어의 경우 코드를 작성할 때(알고리즘을 설계할 때), 메모리까지 크게 고려해야 했습니다. 단편적

인 예를 들면 전설적인 게임인 '슈퍼마리오 브라더스'는 40kb라는 말도 안되는 용량으로 게임을 구현했는데, 현시대에 40kb는 이미지 한 장보다도 작은 용량입니다. 슈퍼마리오가 이처럼 작은 용량으로 게임을 구현할 수 있었던 것은 저수준 언어를 사용해 한 땀, 한 땀 메모리를 써서 만든 걸작이기 때문입니다.

그림 2-1 1985년 슈퍼마리오 브라더스 게임 이미지*

우리가 사용하는 자바스크립트의 경우 메모리 관리에 대해서는 슈퍼마리오만큼 고민할 필요는 없습니다. 이유는 V8 자바스크립트 엔진이 자동으로 메모리를 관리하기 때문입니다. 이를 가비지 콜렉터(Garbage collector)라고 합니다.

let, var, const, function 등과 같은 선언을 하면 가비지 콜렉터가 사용하는 변수와 사용하지 않는 변수를 고려해 메모리를 할당 및 회수하여 최적의 메모리 상태를 유지하는 것입니다. 요약하면 메모리 사용량은 알고리즘 패턴 선정 과정에서 중요한 변수지만 자바스크립트에서는 상대적으로 고려해야 할 사항은 아닙니다.

그렇다고 자바스크립트에서 메모리 사용량을 아예 고려하지 않는 것은 위험합니다. 이유는 메모리 누수가 발생할 수 있기 때문인데, 메모리 누수에 대한 내용은 **7장. 자바스크립트에서 메모리**에서 자세히 살펴보도록 하겠습니다.

....

* https://url.kr/hve6w4

3) 직렬인지 병렬인지 여부

직렬과 병렬이라는 단어가 물리 시간에나 나오는 이야기라 생각할 수 있습니다. 여기서 간단하게 짚고 넘어가겠습니다. 쉽게 설명하면 직렬 정렬은 하나의 배열을 정렬할 때, 병렬은 2개 이상을 정렬할 때라 생각하시면 됩니다. 간단한 문제를 갖고 와서 설명해 보겠습니다.

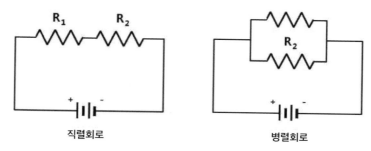

그림 2-2 직렬과 병렬

문제 1.
대한민국 전체 국민의 이름과 나이를 조사한 배열이 있습니다. 전체 국민을 나이 순서대로 정렬하고, 같은 나이라면 이름을 '가나다' 순서로 정렬하세요.

문제 2.
대한민국 전체 국민의 이름과 나이를 지역별로 분류한 배열이 있습니다. 전체 국민을 나이 순서대로 정렬하고, 같은 나이라면 이름을 '가나다' 순서로 정렬하세요.

문제 1은 직렬 정렬 문제입니다. 대한민국 국민이라는 하나의 배열을 두고 정렬하기 때문입니다. 반면 문제 2는 병렬 문제입니다.

문제 2에서는 지역별로 구분된 배열이 있기 때문에 여러 데이터 세트가 있고, 이를 합병할 필요가 있습니다. 이런 경우를 병렬 정렬이 필요한 경우라 할 수 있고, 이후 다룰 합병 정렬(Merge sort)을 사용해 해결할 수 있습니다.

4) 데이터 순서의 안정성(stability)

데이터 순서의 안정성은 '키 – 값' 형태로 이뤄진 데이터가 정렬 이후에도 '키 – 값' 쌍이 깨지지 않고 유지되는가를 뜻합니다. 단순값으로 이뤄진 배열에서는 고려할 필요가 없습니다.

```
#javascript

const a = [1_0, 4_1, 6_2, 5_3, 1_4, 6_5];
const sort = (array) => { ... }; // 임의의 정렬 함수
console.log(sort(a)); // 1, 4, 1, 6, 5, 6 인덱스 순서: [0, 1, 4, 2, 3, 5]
console.log(sort(a)); // 1, 1, 4, 5, 6, 6 인덱스 순서: [4, 0, 1, 3, 2, 5]
```

코드 2-3

코드 2-3의 a 배열에는 배열의 첨자로 표시한 0번 인덱스에 있는 1과 4번 인덱스에 있는 1은 불안정 정렬일 때 매번 어떤 인덱스에 있는 1이 앞에 올지 알 수 없습니다. 안정 정렬의 경우 정렬하는 함수를 실행시켜도 언제나 인덱스와 값이 변하지 않고 반환하지만, **불안정 정렬은 비교하는 원소의 값이 같을 때 순서가 보장되지 않습니다.** 정렬 알고리즘을 사용해 정렬할 때마다 매번 다른 기준으로 인덱스 위치 변환이 생길 수 있는 셈입니다.

2 버블 정렬(Bubble sort)

그림 2-3 물방울이 올라가는 모습

어렸을 적 물이 담긴 컵에 빨대를 꽂고, 바람을 불어보신 적이 있으신가요? 부글부글 물거품이 생기며 위로 올라오는 걸 보신 적이 있으실 겁니다. 버블 정렬을 마치 부글부글 올라오는 물거품처럼 정렬하며 데이터가 올라가는 모습을 띠고 있습니다.

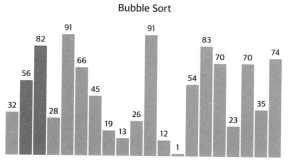

그림 2-4 버블 정렬되기 전에 모습

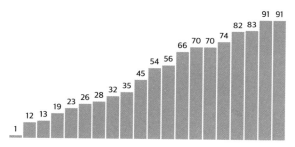

그림 2-5 정렬이 완료된 그래프

버블 정렬은 매번 연속된 두 개의 원소를 비교하여, 둘 중 큰 값을 뒤로 넘기게 됩니다.

```javascript
#javascript

function bubbleSort(array) {
  for (let i = 0; i < array.length; i++) {
    for (let j = 1; j < array.length; j++) {
      if (array[j-1] > array[j]) {
        const temp = array[j];
        array[j] = array[j-1];
        array[j-1] = temp;
      }
    }
  }
}
```

코드 2-4

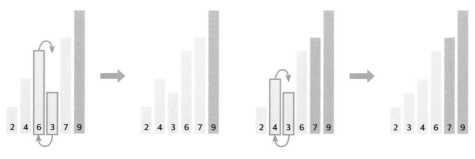

그림 2-6

버블 정렬은 맨 앞에 원소부터 바로 다음 원소와 비교하고, 크면 서로 위치를 바꾸는 것을 반복합니다. 코드 2-4처럼 단순한 2중 반복문으로 구현할 수 있습니다. 또한 코드 2-5와 같이 배열의 프로토타입 메서드 Array.prototype.map( )을 이용해 정렬된 배열을 바로 반환하는 함수로 만드는 것도 좋은 방법입니다.

```javascript
#javascript

function bubbleSort(array) {
  array.map(e1 => array.map((e2, i) => {
    if (array [i] > array [i + 1]) { // 두 값을 비교하고, 스왑합니다
      array [i] = array [i + 1];
      array [i + 1] = e2;
    }
  }));
return array;
}
```

코드 2-5

그럼 앞의 코드 2-4, 2-5를 사용해서 문제를 풀어보겠습니다.

예제

1. 시험 점수 정렬하기

버블 알고리즘은 가장 널리 사용되는 정렬 알고리즘입니다. 그러다 보니 일반적인 정렬에 사용하기에 적합합니다. 대표적인 예로 시험 점수를 정렬하는 코드를 작성해 봅시다.

다음과 같은 점수와 이름을 가지고 있는 객체 배열이 존재합니다.

```
#javascript

let scores = [
  {name: "철수", score: 85},
  {name: "영희", score: 92},
  {name: "민수", score: 88},
  {name: "혜진", score: 97},
  {name: "진수", score: 90}
];
```

코드 2-6(1)

예제 출력

[{name: "혜진", score: 97}, {name: "영희", score: 92}, {name: "진수", score: 90}, {name: "민수", score: 88}, {name: "철수", score: 85}]

학생 점수가 높은 순서로 객체 배열의 순서를 변경하여 반환합니다.

풀이

```
javascript

function bubbleSort(arr) {
  let len = arr.length;
    for(let i = len-1; i >= 0; i--){
      for(let j = 1; j <= i; j++){
        if(arr[j-1].score < arr[j].score){
          let temp = arr[j-1];
          arr[j-1] = arr[j];
          arr[j] = temp;
        }
```

```
      }
    }
    return arr;
}

console.log(bubbleSort(scores));
```

코드 2-6(2)

bubbleSort( ) 함수를 사용하면 배열을 순차적으로 순회하며 점수가 높은 값이 위로(0에 가까운 인덱스로) 올라오도록 코드가 실행되고 있습니다. 물론 실제 자바스크립트 코드에서 버블 정렬을 사용해 중첩이 발생한 for문을 사용해도 좋지만, Array.prototype.sort 메서드를 활용하여 쉽게 해결하는 방법이 실제 알고리즘 풀이에서는 자주 사용됩니다.(물론 Array.prototype.sort는 단순한 버블 정렬을 활용해 정렬을 구현한 것이 아니며, 구동되는 환경에 따라 차이가 있습니다.)

예제

2. 트럼프 카드 정리하기

하민이는 오늘 버블 정렬을 배우고 트럼프 카드를 통해 버블 정렬을 연습해 보기로 했습니다. 하민이가 구현하고 싶은 알고리즘 함수는 다음과 같습니다.

- 카드 더미 배열(cards)을 A, 2, 3, 4, 5, 6, 7, 8, 9, 10, J, Q, K 순으로 카드를 정렬합니다.
- 순서는 하트, 다이아몬드, 클로버, 스페이드 순서로 정렬합니다.
- 중단 없이 완료되면 하트 A ~ K, 다이아몬드 A ~ K, 클로버 A ~ K, 스페이드 A ~ K가 순서대로 담긴 배열이 되어야 합니다.

데이터셋

```javascript
#javascript

let cards = [["Diamond", 3], ["Heart", "A",], ["Clover", "K"], ["Spade", 7] …
];
```

풀이

문제 해결을 쉽게 하기 위해 A, J, Q, K를 숫자로 치환해 보겠습니다.

A = 1;
J = 11;
Q = 12;
K = 13;

문자와 숫자를 비교할 수 없으니 위와 같은 규칙으로 변환하여 검사하도록 하는 코드를 추가하면 됩니다. 또한 정렬의 기준이 되는 하트, 다이아몬드, 클로버, 스페이드가 순서대로 나오게 해야 합니다. 각 모양별로 가산점을 정해주면 순서를 정하는데 어렵지 않습니다. 가령 하트 K보다 다이아몬드 1이 나중에 나와야 합니다. 하트 K는 변환에 따라 13이라는 값을 가집니다. 그렇다면 다이아몬드 1은 적어도 14보다 크면 됩니다.

즉 다이아몬드를 가지고 있으면 13을 더해주고, 클로버는 다이아몬드보다 커야 하니 26, 스페이드는 39를 더하면 됩니다.

다이아몬드 1 = 14;
클로버 4 = 30;
스페이드 J = 50;

과 같이 변환된 값으로 만들 수 있습니다. 제공받은 배열을 변환해 보겠습니다.

```javascript
#javascript

let cards = [["Diamond", 3], ["Heart", "A",], ["Clover", "K"], ["Spade", 7] … ];

function convertCardToPoint(card) {
  const addtionalPoint = {
    Heart: 0,
    Diamond: 13,
    Clover: 13 * 2,
    Spade: 13 * 3
  }

const charToNumber = {
    A: 1,
```

```
    J: 11,
    Q: 12,
    K: 13
  }

  return addtionalPoint[card[0]] + typeof card[1] === "number" ? card[1] :
  charToNumber[card[1]];
}
```

코드 2-7

코드 2-7을 사용하면 카드 모양과 숫자(또는 문자)에 따라 임의의 점수로 변환시킬 수
있습니다. 이를 바탕으로 버블 정렬을 하게 되면 A ~ K 순서뿐만 아니라 하트, 다이아
몬드, 클로버, 스페이드 순서로 정렬된 배열을 얻을 수 있습니다.

```
#javascript

let cards = [["Diamond", 3], ["Heart", "A",], ["Clover", "K"], ["Spade", 7] … ];

function convertToPoint(card) {
  const addtionalPoint = {
    Heart: 0,
    Diamond: 13,
    Clover: 13 * 2,
    Spade: 13 * 3
  }

  const charToNumber = {
    A: 1,
    J: 11,
    Q: 12,
    K: 13
  }
  return addtionalPoint[card[0]] + typeof card[1] === "number" ? card[1] :
  charToNumber[card[1]];
```

```
  }

function bubbleSort(array) {
  array.map(e1 => array.map((e2, i) => {
    if (convertToPoint (array [i]) > convertToPoint (array [i + 1])) {
      array [i] = array [i + 1];
      array [i + 1] = e2;
    }
  }));
return array;
}

bubbleSort(cards);
```

코드 2-8

예제

3. 배달 앱의 추천 알고리즘

우리 삶에서 이제는 빼놓을 수 없는 알고리즘 분야가 바로 배달 앱과 추천 알고리즘일 것입니다. 추천 알고리즘이야 각 플랫폼마다 다르게 작동되지만 배달 앱에서는 어떤 식으로 만들 수 있을까요?

간단한 시나리오를 가정해 봅시다.

고려할 사항
- 총주문 수
- 평균 평점
- 누적 '좋아요' 수
- 사용자와의 거리(km)

위의 값에 가중치를 적당히 부여하여 총점이 가장 높은 순위부터 내림차순으로 정렬해 봅시다. 만약 점수가 높더라도 사용자와의 거리가 20km 이상 멀리 있는 곳이라면 추천 목록에서 제외하도록 하겠습니다.

예제 입력

```javascript
#javascript

// 저장된 식당 목록
let restaurants = [
  {name: "음식점A", totalOrders: 300, avgRating: 4.5, likes: 200, distance: 5},
  {name: "음식점B", totalOrders: 250, avgRating: 4.2, likes: 180, distance: 25},
  {name: "음식점C", totalOrders: 400, avgRating: 4.7, likes: 250, distance: 15},
  {name: "음식점D", totalOrders: 200, avgRating: 4.1, likes: 150, distance: 30},
  {name: "음식점E", totalOrders: 350, avgRating: 4.4, likes: 220, distance: 10}
];

// 각 평가 항목에 대한 가중치
const weights = {totalOrders: 0.2, avgRating: 0.3, likes: 0.2, distance: 0.3};
```

코드 2-9

풀이

```javascript
#javascript

let restaurants = [
  {name: "음식점A", totalOrders: 300, avgRating: 4.5, likes: 200, distance: 5},
  {name: "음식점B", totalOrders: 250, avgRating: 4.2, likes: 180, distance: 25},
  {name: "음식점C", totalOrders: 400, avgRating: 4.7, likes: 250, distance: 15},
  {name: "음식점D", totalOrders: 200, avgRating: 4.1, likes: 150, distance: 30},
  {name: "음식점E", totalOrders: 350, avgRating: 4.4, likes: 220, distance: 10}
];

const weights = {totalOrders: 0.2, avgRating: 0.3, likes: 0.2, distance: 0.3};


function calculateScore(restaurant) {
  const maxDistance = 20;

  if (restaurant.distance > maxDistance) {
  return null;
```

```
    }

    let score = weights.totalOrders * restaurant.totalOrders
              + weights.avgRating * restaurant.avgRating
              + weights.likes * restaurant.likes
              + weights.distance * (maxDistance - restaurant.distance);

    return score;
}

function bubbleSort(arr) {
  let len = arr.length;
  for(let i = len-1; i >= 0; i--){
    for(let j = 1; j <= i; j++){
      let score1 = calculateScore(arr[j-1]);
      let score2 = calculateScore(arr[j]);
      if(score1 < score2){
        let temp = arr[j-1];
        arr[j-1] = arr[j];
        arr[j] = temp;
        }
      }
    }
  return arr;
}

console.log(bubbleSort(restaurants));
```

코드 2-10

각 음식점에 대해 4가지 지표를 바탕으로 점수를 계산하고, 이 점수를 기반으로 음식점을 추천순으로 정렬하는 과정을 보여줍니다. 이 알고리즘은 사용자가 앱에서 음식점을 선택할 때 도움이 될 수 있습니다.

물론 이 알고리즘의 경우 한 가지 아쉬운 점이 있습니다. 바로 평균 리뷰 점수가 다른 구매 횟수나 '좋아요'에 비례해 매우 적은 비율로 형성됩니다. 이걸 해결하기 위해선 어떻게 조정하면 좋을까요? 이에 대한 아이디어는 직접 만들어봅시다.

버블 정렬은 다음의 복잡도를 가지고 있습니다.

알고리즘	시간 복잡도(최선)	시간 복잡도(평균)	시간 복잡도(최악)	공간 복잡도
버블 정렬	O(n)	O(n²)	O(n²)	O(1)

표 2-1

대부분의 경우 O(n²)을 보여주지만, 모든 배열이 정렬된 상태라면 반복 루프를 한번만 돌면서 끝낼 수 있기 때문에 O(n)의 시간 복잡도를 가지게 됩니다. 반면 공간 복잡도는 O(1)로 매우 훌륭합니다. 이는 정렬 과정에서 추가적인 메모리 공간을 차지하지 않고 연산을 진행하기 때문입니다. 이후 나올 정렬 방법들 중에는 시간 복잡도는 개선하지만 추가적인 메모리를 사용하여 공간 복잡도는 증가하는 형태가 나오게 됩니다.

3 선택 정렬(Selection sort)

버블 정렬은 맨 앞부터 하나씩 올라가며 위치를 찾아가는 방법이라면 선택 정렬은 맨 아래부터 값을 쌓아가는 정렬이라 할 수 있습니다. 배열을 한 바퀴씩 돌면서 가장 값이 낮은 값을 찾아내 0번 인덱스에 배치하고, 남은 정렬을 다시 순회하면서 그중에서 가장 값이 낮은 원소를 그다음 인덱스인 1번에 배치하는 것을 반복합니다. 즉 계속해서 최솟값을 찾아내 스왑해 주는 것입니다.

선택 정렬은 크게 3단계로 진행됩니다.

  1) 주어진 배열 중 최솟값 찾기
  2) 1단계 값을 맨 앞에 위치한 값과 교체
  3) 맨 처음 위치를 뺀 나머지 배열을 위의 방법으로 반복하여 교체

이를 함수로 표현하면 다음과 같습니다.

```javascript
#javascript

function selectionSort(array) {
```

```
  let indexMin, temp;

  for (let i = 0; i < array.length - 1; i++) {
    indexMin = i;  // 변경의 대상이 되는 기준 원소의 인덱스
    for (let j = i + 1; j < array.length; j++) {
      if (array[i] < array[indexMin]) {
        indexMin = j;
      }
    }

    temp = array[indexMin];
    array[indexMin] = array[i];
    array[i] = temp;
  }
}
```

코드 2-11

선택 정렬은 어떠한 경우에도 전체 배열을 탐색하는 횟수가 바뀌지 않으므로, 언제나 $O(n^2)$의 시간 복잡도를 가집니다. 버블 정렬과 동일하게 최선, 평균, 최악의 상황에서 모두 $O(n^2)$의 시간 복잡도를 가집니다.

선택 정렬은 주의 사항이 있는데, 스왑하는 과정에서 동일한 값에 대한 처리가 안되어 있다면, 상대위치를 변경시켜 안정성을 훼손할 수 있습니다. 예제를 통해 더 알아보겠습니다.

예제
가장 치열한 올림픽

올림픽에서 국가 순위를 정할 때 금메달을 기준으로 순위가 나오게 됩니다. 그 결과 올림픽 초반에 금메달을 많이 따는 국가들은 최상위 랭킹으로 올라가곤 하죠. 그러다 결과적으로 많은 경기에 출전하고, 좋은 성적을 거두는 국가들이 올림픽 후반부가 되면 상위권으로 정해지곤 합니다.

그러면 올림픽에서 순위를 정하는 방식을 알고리즘으로 구현해 봅시다.

조건

1. 금메달이 많은 순서대로 정렬합니다.
2. 만약 금메달의 숫자가 같다면 은메달의 숫자가 많은 순서대로 정렬합니다.
3. 만약 은메달의 숫자도 같다면 동메달의 숫자가 많은 순서대로 정렬합니다.
4. 동메달의 숫자까지 같다면, 참여한 게임이 적은 순서대로 정렬합니다.

참고로 4번째 조건은 필자가 임의로 넣어본 조건입니다.

예제 입력

```
#javascript

// 참여한 국가의 메달 정보를 담고 있는 배열
let countries = [
  { country: 'Korea', gold: 5, silver: 4, bronze: 2, games: 10 },
  { country: 'USA', gold: 5, silver: 3, bronze: 2, games: 9 },
  { country: 'Japan', gold: 5, silver: 2, bronze: 4, games: 11 },
  { country: 'China', gold: 5, silver: 2, bronze: 2, games: 12 },
  { country: 'Germany', gold: 4, silver: 3, bronze: 3, games: 9 }
];
```

코드 2-12

풀이

```
#javascript

function rankCountries(countries) {
  let len = countries.length;
  for (let i = 0; i < len; i++) {
    let max = i;
    for (let j = i + 1; j < len; j++) {
      if (countries[max].gold < countries[j].gold) {
        max = j;
      } else if (countries[max].gold == countries[j].gold) {
```

```
            if (countries[max].silver < countries[j].silver) {
              max = j;
            } else if (countries[max].silver == countries[j].silver) {
              if (countries[max].bronze < countries[j].bronze) {
                max = j;
              } else if (countries[max].bronze == countries[j].bronze) {
                if (countries[max].games > countries[j].games) {
                  max = j;
                }
              }
            }
          }
        }
        if (max != i) {
          let tmp = countries[i];
          countries[i] = countries[max];
          countries[max] = tmp;
        }
      }
      return countries;
    }

    let countries = [
      { country: 'Korea', gold: 5, silver: 4, bronze: 2, games: 10 },
      { country: 'USA', gold: 5, silver: 3, bronze: 2, games: 9 },
      { country: 'Japan', gold: 5, silver: 2, bronze: 4, games: 11 },
      { country: 'China', gold: 5, silver: 2, bronze: 2, games: 12 },
      { country: 'Germany', gold: 4, silver: 3, bronze: 3, games: 9 }
    ];

    console.log(rankCountries(countries));
```

코드 2-13

코드 2-13과 같이 순차적으로 배열을 돌면서 조건에 맞는 국가를 반환하면 정렬을 완료
할 수 있습니다. 코드 2-13에서 if와 else if가 많아서 복잡해 보이기도 하는데, 이럴 때는
코드 2-14와 같이 for문 안에 continue를 사용해 코드의 깊이를 줄여줄 수 있습니다.

풀이

```javascript
#javascript

function rankCountries(countries) {
  let len = countries.length;
  for (let i = 0; i < len; i++) {
    let max = i;
    for (let j = i + 1; j < len; j++) {
      if (countries[max].gold < countries[j].gold) {
        max = j;
        continue;
      }
      if (countries[max].gold == countries[j].gold &&
        countries[max].silver < countries[j].silver) {
          max = j;
          continue;
      }
      if (countries[max].silver == countries[j].silver &&
        countries[max].bronze < countries[j].bronze) {
          max = j;
          continue;
      }
      if (countries[max].bronze == countries[j].bronze &&
        countries[max].games > countries[j].games) {
          max = j;
        }
      }
    }
    if (max != i) {
      let tmp = countries[i];
      countries[i] = countries[max];
      countries[max] = tmp;
    }
  }
  return countries;
}
```

코드 2-14

이와 같이 조건문을 수정해서 코드의 스코프(Scope)가 깊어지는 것을 줄여주면 조금 더 가시성 있게 확인할 수 있습니다.

예제

엘리스의 마법 포션

이상한 나라에 갔던 엘리스는 여왕을 이기기 위해 특별한 포션을 마셔야 합니다. 각 포션은 마법의 효과가 있으며, 이 효과는 숫자로 표현됩니다. 엘리스는 효과가 강한 포션부터 차례대로 마셔야만 합니다. 하지만 포션 효과의 합계가 15를 초과하면 효과가 사라진다고 합니다.

따라서, 엘리스는 포션 효과의 합계가 정확히 15가 되도록 포션을 선택해서 마셔야 합니다. 효과가 강한 순서 대로만 마실 수 있으므로, 정렬을 한 후에 어떤 것부터 마실지 선택해서 마셔야 합니다. 만약 어떠한 포션 조합을 마셔도 15를 맞출 수 없다면 여왕을 이길만큼 강해질 수 없으므로 "도망친다"라고 표시하겠습니다.

예제 입력

```
#javascript

let potion = [5, 8, 6, 1, 9, 3];
```

코드 2-15

예제 출력

`[6, 5, 3, 1]` // 6 + 5 + 3 + 1 = 15

만약 9를 마시게 되면, 다음 강한 효과인 8을 마셔야 하고 그러면 17이 되므로 효과가 사라지게 됩니다. 마찬가지로 8부터 마시게 되면 8, 6, 5 순서대로 마셔야 하므로 합이 19가 되어 강해질 수 없습니다.

풀이

먼저 강한 순서대로 포션을 정렬합니다.

```
#javascript

let potion = [5, 8, 6, 1, 9, 3];

// 선택 정렬로 배열을 내림차순으로 정렬
for (let i = 0; i < potion.length; i++) {
  let maxIdx = i;
  for (let j = i + 1; j < potion.length; j++) {
    if (potion[j] > potion[maxIdx]) {
      maxIdx = j;
    }
  }
  [potion[i], potion[maxIdx]] = [potion[maxIdx], potion[i]];
}

console.log(potion); // [9, 8, 6, 5, 3, 1]
```

코드 2-16

그 다음 정렬된 포션의 배열에서 합계가 15가 되는 조합을 찾습니다.

```
#javascript

let sum = 0;
let result = [];

potion.some((effect, i) => { // ①
  sum = 0;
  result = [];
  for (let j = i; j < potion.length; j++) {
    sum += potion[j];
    result.push(potion[j])
    if (sum < 15 && j === potion.length - 1) {
      break;
    } else if (sum === 15) {
      return true; // ②
    } else if (sum > 15) {
```

```
        break;
      }
    }
  })

  if (sum !== 15) {
      console.log("도망친다");
  } else {
      console.log(result); // [6, 5, 3, 1]
  }
```

코드 2-17

선택 정렬과 조건문을 활용해 문제를 해결했습니다. 코드 주석 ①을 보면 some이라는 메서드가 나타나는데 some 메서드는 자바스크립트 배열의 프로토타입 메서드로 배열 내부를 순회하는 명령을 만들 수 있습니다. 비슷한 예로 forEach, map, every 등이 있으나 차이점은 some은 true를 반환하게 되면 순환을 중단하게 됩니다. for문으로 보면 break를 호출하는 것과 같습니다. 이러한 이유에서 코드 주석 ②를 보면 return true를 통해 조건에 만족하는 값을 찾았을 때 반환하여 추가적인 순환을 중단하는 걸 볼 수 있습니다.

4 삽입 정렬(Insert sort)

삽입 정렬은 원카드 게임을 기억하면 됩니다. 사람마다 차이가 있겠지만 필자인 경우에는 원카드를 할 때 순서대로 손 패를 맞추고 있다가 새로운 카드에 맞춰 손 패의 카드를 넣어줍니다.

그림 2-7 손에 쥔 카드

코드로 표현하면 새로운 원소를 입력받을 때마다 전체 원소를 순회하며 적절한 위치에 배치하는 것입니다. 코드로 살펴보겠습니다.

```javascript
#javascript

function insertSort(array) {
  for (let i = 1; i < array.legnth; i++) {
  let currentValue = array[i];
  let j;
  for (j = i - 1; j >= 0 && array[j] > currentValue; j--) {
    array[j + 1] = array[j];
      }
  array[j + 1] = currentValue;
  }
  return array;
}
```

코드 2-18

삽입 정렬은 최악의 상황에서는 O(n²), 평균에서도 O(n²)의 복잡도를 가지지만, 최선의 상황에서는 O(n)의 복잡도가 나타납니다. 최선의 상황은 배열이 정렬되어 있는 정도가 높을수록 속도가 빨라지며, 삽입 정렬을 사용해야 할 때 데이터를 사전에 일정 부분 정렬할 수 있다면 큰 성능 개선을 만들어낼 수 있습니다.

앞서 배운 세가지의 정렬을 비교하면 다음과 같습니다.

알고리즘	시간 복잡도(최선)	시간 복잡도(평균)	시간 복잡도(최악)	공간 복잡도
버블 정렬	O(n)	O(n²)	O(n²)	O(1)
선택 정렬	O(n²)	O(n²)	O(n²)	O(1)
삽입 정렬	**O(n)**	O(n²)	O(n²)	O(1)

이러한 이유에서 버블, 선택, 삽입 중 삽입 정렬은 최선의 상황에 시간 절약이 가능하므로, 앞선 세가지 정렬 중에서는 가장 우위에 있다 할 수 있습니다.

가장 강력한 프로토스 유닛은

한국 사람 중 스타크래프트를 모르는 사람은 거의 없을 겁니다. 게임 안에는 세 종족이 등장하는데, 그중에서 가장 많은 게이머들이 선택하는 종족이 바로 프로토스라고 합니다.

프로토스에는 수많은 유닛들이 있지만 한 번도 그 유닛들을 공격력의 순서대로 정렬해볼 생각은 안 해보셨을 겁니다.(알고리즘 책의 예제를 만드는 사람이 아니라면 평생 할 필요 없는 생각이죠) 예제를 통해 정렬을 해보도록 하죠.

스타크래프트의 모든 유닛은 공중 공격과 지상 공격 2가지로 나뉘어져 같은 공격력을 가지거나 또는 다른 공격력을 가지는 경우가 있습니다. 종류가 복잡하니 몇 가지 유닛에 대해서만 정렬하는 예제를 풀어봅시다.

예제 입력

```
#javascript

let units = [
  { name: '질럿', attack: 16 },
  { name: '드라군', attack: 20 },
  { name: '하이템플러', attack: 0 },
  { name: '다크템플러', attack: 40 },
  { name: '리버', attack: 100 },
  { name: '아칸', attack: 30 }
];
```

코드 2-19

코드 2-19와 같이 유닛의 이름과 공격력이 표기된 배열을 전달 받았습니다. 그러면 삽입 정렬을 사용해 공격력이 높은 유닛이 아래로 오도록 오름차순 정렬을 구현해봅시다.

풀이

```javascript
#javascript

function insertionSort(units) {
  for(let i = 1; i < units.length; i++) {
    let key = units[i];
    let j = i - 1;

    // 공격력을 기준으로 정렬
    while(j >= 0 && units[j].attack > key.attack) {
      units[j + 1] = units[j];
      j = j - 1;
    }
    units[j + 1] = key;
  }
  return units;
}

let units = [
  { name: '질럿', attack: 16 },
  { name: '드라군', attack: 20 },
  { name: '하이템플러', attack: 0 },
  { name: '다크템플러', attack: 40 },
  { name: '리버', attack: 100 },
  { name: '아칸', attack: 30 }
];

console.log(insertionSort(units));
```

코드 2-20

insertionSort 함수를 통해 정렬하게 되면 공격력에 따라 유닛을 정렬할 수 있습니다. 이왕 게임을 예로 정렬을 해봤으니, 조건을 한 단계 복잡하게 설정해서 문제를 풀어보도록 하겠습니다.

예제

배틀크루저를 가장 빠르게 잡을 수 있는 유닛은?

그림 2-8 배틀크루저(전투순양함)

스타크래프트에서 가장 강력한 유닛을 고르라면 여러 유닛을 뽑을 수 있겠지만 테란 진영에서 가장 강력한 유닛은 뭐니뭐니 해도 배틀크루저(전투순양함)입니다. 스타크래프트1에서 각 유닛이 데미지를 받는 방식은 다음과 같습니다.

각 유닛은 공격 시 3가지 패턴 중 하나를 가지게 됩니다.

- 일반형: 소형, 중형, 대형 크기의 유닛에게 모두 100%의 데미지를 입힙니다.
- 진동형: 대형에 25%, 중형에 50%, 소형에 100%의 데미지를 입힙니다.
- 폭발형: 대형에 100%, 중형에 75%, 소형에 50%의 데미지를 입힙니다.

예를 들어 드라군은 폭발형 공격을 하며, 기본 공격력은 20입니다.

드라군이 테란의 시즈 탱크(대형)를 공격할 때는 20의 데미지를 입히지만, 마린(소형)을 공격할 때는 10의 데미지를 입힙니다.

배틀크루저는 대형 유닛이며 500의 체력을 가지고 있습니다. 주어진 자원을 활용해 어떤 유닛을 최대한 생산하여 공격하면 가장 빠르게 정지 상태의 배틀크루저를 파괴할 수 있는지 알고리즘을 작성해 봅시다.

예제 입력

```javascript
#javascript

// 배틀크루저의 체력
const BATTLE_CRUISER = {
  MAX_HP: 500,
  SIZE: '대형'
}

// 가지고 있는 미네랄 자원
const MY_MINERAL = 500;

// 가지고 있는 가스 자원
const MY_GAS = 500;

const units = [
  {name: '드라군', mineral: 125, gas: 50, attackSpeed: 1.25, damage: 20, type:
  '폭발형'},
  {name: '마린', mineral: 50, gas: 0, attackSpeed: 0.625, damage: 6, type:
  '일반형'},
  {name: '골리앗', mineral: 100, gas: 50, attackSpeed: 0.916, damage: 20, type:
  '폭발형'},
  {name: '스카웃', mineral: 275, gas: 125, attackSpeed: 0.916, damage: 28, type:
  ' 폭발형 '},
  {name: '뮤탈리스크', mineral: 100, gas: 100, attackSpeed: 1.25, damage: 9, type:
  '일반형'},
  {name: '히드라리스크', mineral: 75, gas: 25, attackSpeed: 0.625, damage: 10,
  type: '폭발형'},
];
```

코드 2-21

예제 입력에 있는 attackSpeed 값은 한 번 공격하는데 걸리는 시간입니다. 이를 활용해 배틀크루저의 체력 500을 가장 빨리 제거하는 조합을 찾아봅시다.

풀이

먼저 주어진 자원으로 각 유닛을 몇 마리 생산할 수 있는지 알아야 합니다.

```javascript
#javascript

const MY_MINERAL = 500;
const MY_GAS = 500;

function unitsCanBeProduced(unit) {
  const mineralBased = Math.floor(MY_MINERAL / unit.mineral);
  const gasBased = Math.floor(MY_GAS / unit.gas);

  return Math.min(mineralBased, gasBased);
}
```

코드 2-22

unitsCanBeProduced 함수는 자바스크립트의 Math.floor[*]와 Math.min[**]라는 언어에서 기본적으로 제공되는 메서드를 사용하고 있습니다. 해당 함수는 별도의 선언 없이 제공되는 함수이므로 혹시라도 모르시는 분들은 MDN 문서를 참조해 주세요.

함수를 간단히 설명하면 미네랄 기준으로 최대 몇 마리를 생산할 수 있는지, 가스를 기준으로 최대 몇 마리를 생산할 수 있는지를 각각 계산한 후, 두 값 중 더 적은 값의 유닛만 생산할 수 있으므로 Math.min을 통해 두 값 중 더 적은 값을 반환합니다.

이어서 유닛의 공격력이 공격 타입과 데미지를 받는 유닛의 크기에 따라 달라진다는 사실을 기억하시죠? 이를 함수로 구현해 보겠습니다.

```javascript
#javascript

function damageCalculator(unit, target) {
  const damageTypes = {
    '일반형': {'대형': 1, '중형': 1, '소형': 1},
```

....

[*] https://developer.mozilla.org/ko/docs/Web/JavaScript/Reference/Global_Objects/Math/floor

[**] https://developer.mozilla.org/ko/docs/Web/JavaScript/Reference/Global_Objects/Math/min

```javascript
    '진동형': {'대형': 0.25, '중형': 0.5, '소형': 1},
    '폭발형': {'대형': 1, '중형': 0.75, '소형': 0.5}
  };

  return unit.damage * damageTypes[unit.type][target.SIZE];
}
```

코드 2-23

damageCalculator 함수는 공격하는 유닛과 공격을 받는 대상(target)을 넣어주면 얼마의 데미지가 입혀질지 계산해 줍니다.

이 2가지 함수를 바탕으로 가장 빨리 배틀크루저를 파괴할 수 있는 유닛을 찾아봅시다. 각 유닛을 최대한 생산했을 때 얼마의 시간이 걸리는지 계산하는 함수를 만들면 소모 시간이라는 정렬 기준을 확보하게 됩니다.

```javascript
#javascript

function timeToKill (unit, target) {
  const unitsProduced = unitsCanBeProduced(unit);
  const damagePerAttack = unitsProduced * damageCalculator(unit, target);
  return target.MAX_HP / damagePerAttack * unit.attackSpeed;
}
```

코드 2-24

timeToKill 함수를 통해 배틀크루저를 파괴하는 데 걸리는 시간을 확보했으니 이제 간단한 삽입 정렬을 사용하면 계산이 마무리됩니다.

모든 코드를 묶으면 다음과 같습니다.

```javascript
#javascript

// 배틀크루저의 체력
const BATTLE_CRUISER = {
  MAX_HP: 500,
```

```
    SIZE: '대형'
 }

 // 가지고 있는 미네랄 자원
 const MY_MINERAL = 500;

 // 가지고 있는 가스 자원
 const MY_GAS = 500;

 const units = [
   {name: '드라군', mineral: 125, gas: 50, attackSpeed: 1.25, damage: 20, type: '
   폭발형'},
   {name: '마린', mineral: 50, gas: 0, attackSpeed: 0.625, damage: 6, type: '일반
   형'},
   {name: '골리앗', mineral: 100, gas: 50, attackSpeed: 0.916, damage: 20, type:
   '폭발형'},
   {name: '스카웃', mineral: 275, gas: 125, attackSpeed: 0.916, damage: 28, type:
   '폭발형'},
   {name: '뮤탈리스크', mineral: 100, gas: 100, attackSpeed: 1.25, damage: 9,
   type: '일반형'},
   {name: '히드라리스크', mineral: 75, gas: 25, attackSpeed: 0.625, damage: 10,
   type: '폭발형'}
 ];

 function unitsCanBeProduced(unit) {
   const mineralBased = Math.floor(MY_MINERAL / unit.mineral);
   const gasBased = Math.floor(MY_GAS / unit.gas);

   return Math.min(mineralBased, gasBased);
 }

 function damageCalculator(unit, target) {
   const damageTypes = {
     '일반형': {'대형': 1, '중형': 1, '소형': 1},
     '진동형': {'대형': 0.25, '중형': 0.5, '소형': 1},
     '폭발형': {'대형': 1, '중형': 0.75, '소형': 0.5}
   };
```

```
    return unit.damage * damageTypes[unit.type][target.SIZE];
}

function timeToKill(unit, target) {
  const unitsProduced = unitsCanBeProduced(unit);
  const damagePerAttack = unitsProduced * damageCalculator(unit, target);
  return target.MAX_HP / damagePerAttack * unit.attackSpeed;
}

// 삽입 정렬
for(let i = 1; i < units.length; i++) {
  let key = units[i];
  let j = i - 1;

  while(j >= 0 && timeToKill(units[j], BATTLE_CRUISER) > timeToKill(key,
BATTLE_CRUISER)) {
    units[j + 1] = units[j];
    j = j - 1;
  }

  units[j + 1] = key;
}

console.log(units);
```

코드 2-25

코드 2-25에서 j가 0 이상이고, j 번째 유닛이 배틀크루저를 처치하는 데 걸리는 시간이 key 유닛보다 클 때 계속해서 j번째 유닛을 한 칸씩 오른쪽으로 이동시킵니다. 그다음 j를 감소시키고, 이 과정을 반복합니다. 이렇게 하면 삽입 정렬이 수행됩니다.

이 함수를 실행한 결과는 스타크래프트를 많이 해보신 분들이라면 쉽게 유추가 가능할 것입니다.

지금까지 배운 3가지 정렬의 특징이 하나 있습니다. 바로, 쉽지만 비효율적이라는 점입니다. 이제부터 배울 정렬 방식은 앞선 방식보다 구현의 난이도는 있으나 성능상 우위를 보이는 정렬 방법들입니다.

합병 정렬(Merge sort)

합병 정렬(또는 병합 정렬)은 세기의 천재 '존 폰 노이만(John von Neumann)'이 제안했다고 알려졌습니다. 또한 분할 정복 알고리즘 중 하나이며, 일반적으로 데이터의 안정성을 훼손하지 않습니다.

여기서 나오는 분할 정복 알고리즘은 어려운 문제를 여러 개의 작은 문제로 분리해 각각 해결하고, 이를 바탕으로 주된 문제를 해결하는 알고리즘입니다. 분할 정복은 크게 3단계로 구성됩니다.

1) 분할(Divide): 최소 단위까지 문제를 분할합니다.
2) 정복(Conquer): 최소 단위 문제를 각각 해결하여 정복합니다.
3) 결합(Combine): 최소 단위 문제에 대한 결과를 원래 문제에 대한 결과로 조합하여 해결합니다.

합병 정렬은 분할 정렬의 대표적인 예이며, 이를 도표로 표현하면 다음과 같습니다.

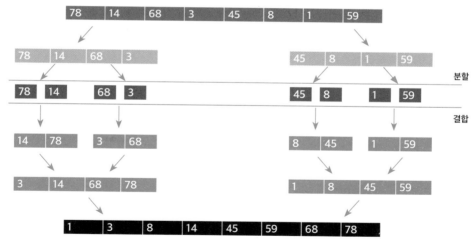

그림 2-9 분할 정복의 3단계

그림 2-9는 분할 정복의 3단계가 나타나있습니다.

1단계: 배열을 반으로 계속 잘려 나갑니다. 1개가 될 때까지 나눕니다.
2단계: 자른 순서에 역순으로 한 쌍씩 값을 비교하여 합쳐갑니다.

3단계: 하나의 배열이 될 때까지 2단계 과정을 반복합니다.

그러나 이 과정에서 한 가지 의문점이 생기게 될 겁니다. '그림 2-9에서 [14, 78]과 [3, 68]을 그냥 합치면 [14, 78, 3, 68]이 되는데 어떤 방식으로 [3, 14, 68, 78]이 될까?'

이 부분이 합병 정렬의 핵심인데 방법은 다음과 같습니다.

[14, 78]과 [3, 68]을 [A, B], [C, D]라고 표현해 보겠습니다. 만약 B가 C보다 작다는 결과를 얻게 되면 다른 비교는 필요 없이, 정렬된 배열은 [A, B, C, D]가 될 것입니다. 반대로 D가 A보다 작다면 정렬된 배열은 [C, D, A, B]일 것입니다. 이유는 C < D, A < B로 정렬해 둔 상태이기 때문입니다.

만약 3개 이상의 원소를 가진 배열이라면 어떨까요?

```javascript
#javascript

const array1 = [A, B, C];
const array2 = [D, E, F];
let tempArray = [];
```

코드 2-26

합병 정렬의 아이디어는 다양하지만 한 가지 방법은 순차적으로 하나씩 넣는 것입니다. 먼저 각 배열의 0번 인덱스끼리 비교해봅니다. A와 D를 비교하고 이 중 작은 값은 tempArray에 넣습니다. A가 빠졌으니 이제 B와 D를 비교합니다. 이 둘 중 작은 값을 다시 tempArray에 넣고, 이 과정을 반복합니다. 만약 array1 또는 array2의 원소가 하나도 남지 않게 된다면 다른 배열에 남은 원소는 모두 tempArray보다 큰 값만 남게 되므로 연산의 횟수가 줄어들게 됩니다. 우리는 이 과정을 합병 정렬이라 부릅니다.

합병 정렬의 또다른 아이디어를 소개해 보겠습니다.

```javascript
#javascript

const array1 = [5, 7, 9, 42, 87, 124, 168];
const array2 = [3, 6, 19, 29, 38, 54, 197];
```

코드 2-27

array1, array2라는 두 개의 정렬된 배열이 있습니다.

1단계: array1의 42(배열의 중간에 위치한 원소)와 array2의 임의의 원소(x)와 비교합니다.

2단계: x가 42보다 크다면 x는 87 ~ 168 사이의 영역을 기준으로 1단계를 진행합니다. 반대로 x가 42보다 작다면 5 ~ 9 사이의 영역에서 1단계를 진행합니다.

3단계: 2단계를 반복하여 2단계에서 순회하는 영역이 1개가 될 때까지 반복합니다.

앞의 3단계를 한 문장으로 표현하면 반으로 잘라 비교해 보고, 다시 남은 것에서 반으로 잘라 비교해 보는 것은 반복합니다. 이처럼 반으로 잘라 비교하는 과정을 우리는 이분 탐색(Binary search)이라고 합니다. 이분 탐색 역시 분할 정복의 아이디어를 바탕으로 만들어졌습니다.

합병 정렬의 코드는 다음과 같습니다.

```javascript
#javascript

function mergeSort(arr) {
  if (arr.length <= 1) {
    return arr;
  }

  const mid = Math.floor(arr.length / 2); // 중간 인덱스 찾기
  const left = arr.slice(0, mid); // 중간 원소보다 작은 값이 모인 배열
  const right = arr.slice(mid); // 중간 원소보다 큰 값이 모인 배열

  const sortedLeft = mergeSort(left);
  const sortedRight = mergeSort(right);

  return merge(sortedLeft, sortedRight);
}

function merge(left, right) {
  let merged = [];
  let leftIndex = 0;
  let rightIndex = 0;
```

```
  while (leftIndex < left.length && rightIndex < right.length) {
    if (left[leftIndex] < right[rightIndex]) {
      merged.push(left[leftIndex]);
      leftIndex++;
    } else {
      merged.push(right[rightIndex]);
      rightIndex++;
    }
  }

  while (leftIndex < left.length) {
    merged.push(left[leftIndex]);
    leftIndex++;
  }

  while (rightIndex < right.length) {
    merged.push(right[rightIndex]);
    rightIndex++;
  }

  return merged;
}

// 예시
const array = [5, 9, 2, 8, 11, 5];
const sortedArray = mergeSort(array);
```

코드 2-28

합병 정렬의 코드가 많아서 당황하실 수도 있겠지만 사실 코드를 하나하나 뜯어서 보면
쉬운 메커니즘을 가지고 있습니다.* mergeSort( ) 함수를 통해서 합병 정렬을 호출하고,
그 중 인덱스를 순회하며 정렬 배열을 만들어내는 역할은 merge( ) 함수가 합니다.

합병 정렬의 복잡도는 버블, 선택, 삽입 정렬과 비교하면 다음과 같습니다.

....

* 만약 코드 자체가 읽히지 않는 분이라면 자바스크립트 프로토타입 메서드에 대한 공부가 필요한 상태입니다. 코드에 나
  온 .length( ), .slice( ), Math.floor( ), .push( ) 메서드에 대한 MDN 문서의 설명을 참고해주세요.

알고리즘	시간 복잡도(최선)	시간 복잡도(평균)	시간 복잡도(최악)	공간 복잡도
버블 정렬	$O(n)$	$O(n^2)$	$O(n^2)$	$O(1)$
선택 정렬	$O(n^2)$	$O(n^2)$	$O(n^2)$	$O(1)$
삽입 정렬	$O(n)$	$O(n^2)$	$O(n^2)$	$O(1)$
합병 정렬	$O(n \log n)$	$O(n \log n)$	$O(n \log n)$	$O(n \log n)$

합병 정렬은 모든 경우에 $O(n \log n)$의 시간 복잡도를 가지는 효율적인 알고리즘입니다. 다만 주의할 점은 공간 복잡도입니다. 입력 배열을 임시로 저장할 추가 저장 메모리 공간이 필요한데, $O(n)$의 공간 복잡도가 발생하기 때문에 n이 매우 커지는 환경에서는 오버헤드(overhead)*가 생길 수 있습니다. 오버헤드는 환경에 따라 스택 오버플로우(stack overflow)**를 만들 수 있게 됩니다.

여기서 자바스크립트만의 특징 한 가지를 살펴볼 필요가 있습니다. 대표적인 자바스크립트 런타임인 Node.js를 생각해 보면, Node.js는 논블로킹 I/O를 제공하고, 단일 스레드 이벤트 루프를 통해 동작합니다. 구조적으로 하나의 무거운 동작을 처리하는 데 적합한 방식이 아닙니다. 프로덕션 레벨의 제품을 만드시는 개발자분들이라면, 이러한 환경에서 공간 복잡도를 크게 차지하는 연산을 동작할 때 메모리 사용량이 급등하게 되며 서버가 꺼지는 경우를 쉽게 마주할 수 있습니다. 합병 정렬의 시간상 우위가 중요한지, 메모리 사용량의 안정성이 중요한지 고민하셔야 합니다.

합병 정렬은 각 원소가 정렬 후에도 본래의 순서를 유지하기 때문에 안정 정렬입니다. 그러나 정렬 과정에서 임시로 만드는 배열은 별도의 메모리에 저장되고, 이 임시 배열은 제자리 정렬(in-place sort)은 아닙니다.

여기서 말하는 제자리 정렬이란 공간 지역도와 관련이 있습니다. 우리가 메모리상에 데이터를 쓴다는 것은 실제 컴퓨터 하드웨어상 특정한 위치에 전자적인 신호가 저장됨을 뜻합니다. 이때 컴퓨터는 1바이트씩 메모리를 할당하지 않고, 최소 단위의 메모리를 할당하는데 가령 아이맥의 경우 4바이트를 사용합니다. 만약 사용자가 1바이트씩 100회의

....

* 어떤 처리를 하기 위해 들어가는 간접적인 처리시간 또는 메모리 등을 말함

** 스택 포인터가 스택의 경계를 넘어설 때 일어나는 현상. 프로그램이 호출 스택에서 이용 가능한 공간 이상을 사용하려고 시도할 때, 스택이 오버플로우(overflow)된다고 하며 이 경우 일반적으로 프로그램 충돌이 발생하게 됩니다.

입력 작업을 요청하면 실제로는 400바이트의 공간에 각 1바이트씩을 할당하게 됩니다. 결과적으로 데이터가 연속적으로 저장되어 있지 않으므로 캐시 메모리 사용상 불이익이 있고, 또한 캐시 메모리 역시 크게 잡힙니다. 이 경우 메모리가 분산되어 있어 여러 지역을 사용하므로, "지역성이 나쁘다."라고 표현하며, 반대로 메모리가 연속적으로 붙어있어 데이터 접근에 유리한 경우를 "지역성이 좋다."라고 말합니다.

제자리 정렬은 연속된 메모리를 한 번 받은 후에 재할당하지 않습니다. 제자리 정렬이 아닌 정렬 방식에서는 새로운 메모리를 할당하는 과정이 반복되는데, 메모리의 연속성이 없어 지역성이 떨어집니다.

예제

뮤지컬 VIP

당신은 유명 뮤지컬의 매표소에서 일하고 있습니다. 이 뮤지컬의 특징은 좌석이 정해져 있지 않고, 사람들이 원하는 좌석에 앉을 수 있다는 것입니다. 그래서 매번 공연 시작 직전에는 사람들이 좋은 자리를 차지하기 위해 줄을 서곤 합니다.

이번에는 VIP 고객들에게만 특별히 좌석을 미리 지정해 주려고 합니다. 당신은 각 VIP 고객들이 원하는 좌석을 받아서 그것을 새로운 배열에 저장하고, 공연 시작 전에 이 배열을 정렬해야 합니다. 이렇게 하면 공연 시작 전에 VIP 고객들에게만 빠르게 좌석을 배정한다면 VIP들에게 최고의 자리를 제공할 수 있을 겁니다.

예제 입력

```
// VIP들이 원하는 자리 목록
const VIPSeats = ['D5', 'A7', 'B3', 'A1', 'D4', 'B1', 'A2', 'D1', 'C1', 'C5'];
```

코드 2-29

풀이

```
function mergeSort(arr) {
  if (arr.length <= 1) {
    return arr;
  }
```

```
  const mid = Math.floor(arr.length / 2);
  const left = arr.slice(0, mid);
  const right = arr.slice(mid);

  return merge(mergeSort(left), mergeSort(right));
}

function merge(left, right) {
  let result = [];
  let leftIndex = 0;
  let rightIndex = 0;

  while (leftIndex < left.length && rightIndex < right.length) {
    if (left[leftIndex] < right[rightIndex]) {
      result.push(left[leftIndex]);
      leftIndex++;
    } else {
      result.push(right[rightIndex]);
      rightIndex++;
    }
  }

  return result.concat(left.slice(leftIndex)).concat(right.slice(rightIndex));
}

const VIPSeats = ['D5', 'A7', 'B3', 'A1', 'D4', 'B1', 'A2', 'D1', 'C1', 'C5'];
console.log(mergeSort(VIPSeats));
```

코드 2-30

코드 2-30을 실행하면 VIP 고객들이 원하는 좌석을 알파벳과 숫자 순으로 정렬하게 됩니다. 이렇게 하면 공연 시작 전에 VIP 고객들에게 빠르게 좌석을 배정할 수 있습니다.

예제

숫자로 만든 크리스마스 트리

대부분의 컴퓨터 프로그래밍 대학 과정에서 반드시 해보는 것 중 하나가 바로 for 문을 사용해 별(*) 트리를 만드는 것입니다. 많은 개발자 지망생들을 포기하게 만든 과제이기 도 하면서 동시에 개발의 어려움을 깨닫게 해주는 과제입니다.

다음의 조건에 따라 숫자로 완성된 트리를 만들어봅시다.

조건

- 1부터 N까지 랜덤한 숫자가 무작위로 설정된 배열을 생성합니다.
- 해당 배열을 합병 정렬하여 오름차순 정렬합니다.
- 정렬된 배열의 숫자를 하나씩 사용하여 콘솔 로그를 출력합니다.
- 출력된 콘솔 로그에는 첫 번째 줄에는 숫자 1개(배열의 0번 인덱스 인자), 두 번째 줄에는 숫자 2개(배열의 1번, 2번 인덱스 인자), 이렇게 줄이 늘어감에 따라 숫자가 하나씩 더 표기 되도록 합니다.
- 이렇게 마지막 줄까지 표기하고, 만약 마지막 줄에 표기할 숫자가 부족하다면 표기된 마지 막 숫자를 반복하여 트리를 완성합니다.
- 트리 완성 후에 콘솔에 총 몇 줄의 트리가 제작됐는지 출력합니다.

예제 입력

```
주어진 배열: [1,3,5,7]
완성된 트리:
1
3 5
7 7 7
총 3줄
```

풀이

```
#javascript

// 합병 정렬 함수
```

```javascript
function mergeSort(arr) {
  if (arr.length <= 1) {
    return arr;
  }

  const mid = Math.floor(arr.length / 2);
  const left = arr.slice(0, mid);
  const right = arr.slice(mid);

  return merge(mergeSort(left), mergeSort(right));
}

// 합병 함수
function merge(left, right) {
  let result = [];
  let leftIndex = 0;
  let rightIndex = 0;

  while (leftIndex < left.length && rightIndex < right.length) {
    if (left[leftIndex] < right[rightIndex]) {
      result.push(left[leftIndex]);
      leftIndex++;
    } else {
      result.push(right[rightIndex]);
      rightIndex++;
    }
  }

  return result.concat(left.slice(leftIndex)).concat(right.slice(rightIndex));
}

// 랜덤한 숫자가 무작위로 설정된 배열 생성
let arr = [];
for (let i = 0; i < 10; i++) {
  arr.push(Math.floor(Math.random() * 100) + 1);
}
```

```
// 배열 합병 정렬
let sortedArr = mergeSort(arr);

// 정렬한 배열을 특정 패턴으로 출력
let lineCount = 1;
let index = 0;
while (index < sortedArr.length) {
  let line = '';
  for (let i = 0; i < lineCount; i++) {
    if (index < sortedArr.length) {
      line += sortedArr[index] + ' ';
    } else {
      line += sortedArr[sortedArr.length - 1] + ' ';  // 마지막 숫자 출력
    }
    index++;
  }
  console.log(`총 ${line}줄`);
  lineCount++;
}
```

코드 2-31

트리를 만드는 코드를 실행하면 각 줄에 원하는 개수의 숫자를 반환할 뿐만 아니라 총 몇 줄의 트리가 완성됐는지 계산해 표시합니다.

6 퀵 정렬(Quick sort)

퀵 정렬은 '찰스 앤터니 리처드 호어(Charles Antony Richard Hoare)'가 개발한 비교 정렬에 속합니다. 비교 정렬이란 우리가 앞서 배운 버블 정렬과 같은 분류인데, 버블 정렬이 자신의 다음 인덱스의 원소와 비교해 정렬하는 것처럼, 퀵 정렬은 피벗(pivot)을 선택하여 비교 기준점을 만들고, 비교하며 정렬을 진행합니다.

퀵 정렬은 다음의 3단계로 진행됩니다.

1단계: 배열 중 원소 하나를 선택합니다. 이 원소를 피벗이라고 합니다.

2단계: 피벗 앞에는 피벗보다 작은 값의 원소를 두고, 피벗 뒤에는 값이 큰 원소들이 오도록 배열을 '분할'합니다. 분할 후 피벗의 위치는 변경되지 않습니다.

3단계: 분할된 2개의 작은 배열에 대해 앞의 과정을 반복합니다. 배열의 크기가 0 또는 1이 될 때까지 반복합니다.

퀵 정렬과 합병 정렬은 동일한 분할 정복 방법을 택하고 있어 유사해 보이지만 차이가 있습니다. 합병 정렬은 언제나 배열을 절반으로 나누어 비교하지만(균등), 퀵 정렬은 임의의 원소를 기준으로 나누게 됩니다.(비균등)

최초 상태	9	2	5	8	6	3	1	4
피벗 선택	9	2	5	8	6	3	1	4
정렬	1	4	2	3	9	5	8	6
피벗 선택	1	4	2	3	9	5	8	6
정렬	1	4	2	3	5	6	8	9

반복: ...

정렬할 배열이 주어집니다. 마지막 수를 기준으로 삼습니다.

기준보다 작은 수는 기준의 왼쪽에 나머지는 기준의 오른쪽에 오도록 재배치합니다.

 ——— (a)

기준(31) 왼쪽과 오른쪽을 각각 독립적으로 정렬합니다(정렬 완료).

 ——— (b)

그림 2-10

그림 2-10과 같이 피벗을 선택하고, 정렬을 반복합니다. 피벗 좌우의 작아진 배열의 크기가 0, 1이 될 때까지 반복하게 되면 모든 정렬이 완료됩니다. 코드로 살펴보면 다음과 같습니다.

```javascript
#javascript

function quickSort(array) {
```

```
  if (array.length <= 1) {
    return array;
  }

  const pivot = array [0]; // ① 피벗으로 첫 번째 원소를 선택
  const left = [];
  const right = [];

  for (let i = 1; i < array.length; i++) {
    array [i] < pivot ?
      left.push(array [i]) :
      right.push(array [i]);
  }

  return [...quickSort(left), pivot, ...quickSort(right)];
  // ② 재귀적으로 연산이 끝날 때까지 반복
}
```

코드 2-32

코드 2-32에서 ① 코드를 보면 0번 인덱스 원소를 택하는데, 배열 내 랜덤 인덱스의 원소를 택해도 되지만 불필요하게 랜덤 인덱스를 추가로 계산해야 하므로, 해당 부분을 0번 인덱스로 정해서 진행합니다.

②에서처럼 재귀적으로 함수를 반환합니다. 한 개의 함수가 좌, 우에 해당하는 두 개의 함수로 나뉘어져 있게 되는데 이전 정렬에서 배운 것처럼 이와 같은 형태에서는 공간 복잡도가 발생하게 됩니다. 이를 표로 정리하면 다음과 같습니다.

알고리즘	시간 복잡도(최선)	시간 복잡도(평균)	시간 복잡도(최악)	공간 복잡도
버블 정렬	$O(n)$	$O(n^2)$	$O(n^2)$	$O(1)$
선택 정렬	$O(n^2)$	$O(n^2)$	$O(n^2)$	$O(1)$
삽입 정렬	$O(n)$	$O(n^2)$	$O(n^2)$	$O(1)$
합병 정렬	$O(n \log n)$	$O(n \log n)$	$O(n \log n)$	$O(n \log n)$
퀵 정렬	**$O(n \log n)$**	**$O(n \log n)$**	**$O(n^2)$**	**$O(n \log n)$**

퀵 정렬은 최선과 평균의 경우 O(n log n)이지만 최악에서는 O(n²)을 보이는데, 퀵 정렬이 최악인 상황은 이미 정렬된 배열이 됐거나 거의 정렬된 배열에서 발생합니다. 퀵 정렬이 최악의 복잡도를 보이는 경우에는 피벗이 항상 최솟값이나 최댓값으로 선택되어 분할이 불균등하게 이루어지고, 재귀적인 호출에 의해 정렬 속도가 느려지는 현상이 발생할 수 있습니다. 최악의 경우를 피하고자 피벗을 선택하는 방법을 최적화하는 기법들이 있습니다.

그런 면에서 코드 2-32의 ① 부분의 코드는 개선의 여지가 있습니다. 거의 정렬된 배열에서 앞의 퀵 정렬을 사용하게 되면 피벗이 0번 인덱스는 대부분의 경우 가장 작은 값을 의미합니다. 즉 재귀적 최적화가 필요한 코드가 됩니다.

퀵 정렬의 공간 복잡도는 코드 2-32의 ②에서 확인한 것처럼 재귀적 요청을 발생시키므로, n에 비례해 증가하는 값입니다. 그러나 연산이 반복될수록 반환되는 좌우 배열의 사이즈가 점점 작아서 0,1로 수렴하고, 해당 배열은 연산이 더 이상 필요하지 않습니다. 이러한 연산을 계산해 보면 퀵 정렬의 공간 복잡도는 O(log n)이 되는데, 만약 최악의 경우라면 공간 복잡도는 O(n)이 됩니다.

예제

가난한 헬스 매니아의 단백질 찾기

가난한 헬스 매니아인 철수는 단백질이 부족해 괴로워하고 있습니다. 이대로 시간이 지나면 근손실이 발생해 열심히 운동한 것이 다 사라질 위기에 놓였습니다. 철수는 돈이 많지 않기에 가장 저렴하게 많은 단백질을 확보할 전략을 생각했습니다. 철수가 가진 돈을 최대한 활용해 가장 많은 단백질을 확보하는 코드를 작성해 봅시다.

예제 입력

```
#javascript

const MAX_FOOD_COUNT = 4; // 최대 먹을 수 있는 음식의 수
const PROTEIN_LIST = [5, 15, 22, 36, 46, 48, 59]; // 각 음식의 단백질 함량
const PRICE_LIST = [3000, 4100, 4500, 5000, 5600, 5900]; // 각 음식의 가격
```

코드 2-33

예를 들어 첫 번째 음식은 가격 3,000원에 단백질 5g이 포함되어 있습니다. 철수의 예산이 3,000원뿐이라면 5의 단백질만 획득하는 게 최선일 겁니다.

풀이

```javascript
#javascript

const MAX_FOOD_COUNT = 4; // 최대 먹을 수 있는 음식의 수
const PROTEIN_LIST = [5, 15, 22, 36, 46, 48, 59]; // 각 음식의 단백질 함량
const PRICE_LIST = [3000, 4100, 4500, 5000, 5600, 5900]; // 각 음식의 가격

let budget = 15000; // 철수의 예산

// 각 음식의 가격 대비 단백질 함량을 계산
let ratioList = PROTEIN_LIST.map((protein, index) => {
  return {
    index: index,
    ratio: protein / PRICE_LIST[index]
  };
});

// 퀵 정렬 함수 정의
function quickSort(array, left = 0, right = array.length - 1) {
  if (left < right) {
    let pivot = partition(array, left, right);
    quickSort(array, left, pivot - 1);
    quickSort(array, pivot + 1, right);
  }
  return array;
}

// 피벗 설정 함수 정의
function partition(array, left, right) {
  let pivot = array[right].ratio;
  let i = left;
  for (let j = left; j < right; j++) {
    if (array[j].ratio > pivot) {
```

```
      [array[i], array[j]] = [array[j], array[i]];
      i++;
    }
  }
  [array[i], array[right]] = [array[right], array[i]];
  return i;
}


// 가격 대비 단백질 함량이 높은 음식부터 퀵 정렬
quickSort(ratioList);

let totalProtein = 0; // 총 단백질 함량
let foodCount = 0; // 선택한 음식의 개수

// 예산 내에서 가장 단백질 함량이 높은 음식부터 선택
for (let i = 0; i < ratioList.length; i++) {
  if (budget >= PRICE_LIST[ratioList[i].index]) {
    budget -= PRICE_LIST[ratioList[i].index];
    totalProtein += PROTEIN_LIST[ratioList[i].index];
    foodCount++;

    if (foodCount === MAX_FOOD_COUNT) {
      break;
    }
  }
}

console.log(totalProtein); // 철수가 섭취할 수 있는 최대 단백질 함량. 99
```

코드 2-34

앞 예제에서는 퀵 정렬이 사용되어 각 음식의 가격 대비 단백질 함량을 계산하고, 이를
바탕으로 재정렬하는 작업을 가졌습니다. 그리고 나서 예산 내에서 가장 단백질이 높은
것부터 선택하게 되는데, 이렇게 가장 좋은 것을 선택하는 전략을 탐욕 알고리즘이라 하
며 이후 **5장 탐욕 알고리즘**에서 자세히 다룹니다.

예제

퀵 정렬을 알고 있는 퀵 배송 기사

한 퀵 배송 기사님이 알고리즘을 꾸준히 공부하셔서 이제 자신의 직장에서 알고리즘을 활용해 보기로 결심하셨습니다. 퀵 배송 기사님은 다양한 배송지를 방문하게 됩니다. 하루는 잠실 타워에 수많은 층에 퀵 배송이 잡히게 됐습니다. 동선을 최소화하기 위해 낮은 층부터 방문하면서 올라가고자 합니다.

그런데 잠실 타워는 한 가지 독특한 조건이 있습니다. 모든 층에 방문할 수 없고, 10층 이상부터는 5층 단위로만 방문이 가능합니다. 16층, 17층에 각각 배송할 물건이 있으면 15층에 모두 두면 되는 것입니다. 기사님이 잠실 타워에 방문해야 할 층은 어디 어디인지 출력해 보세요.

예제 입력

```javascript
#javascript

// 방문해야 하는 층의 배열
let deliveryFloors = [5, 2, 8, 6, 1, 9, 3, 20, 18, 42, 43, 15, 7, 11, 5];
```

코드 2-35

풀이

오름차순으로 방문할 층을 알아야 하니 퀵 정렬을 사용하고, 10층 이상의 층을 5의 배수로 변환하고 중복 층을 제거하면 문제는 해결됩니다.

```javascript
#javascript

let deliveryFloors = [5, 2, 8, 6, 1, 9, 3, 20, 18, 42, 43, 15, 7, 11, 5];

// 10층 이상의 층은 5의 배수로 변환
deliveryFloors = deliveryFloors.map(floor => floor >= 10 ? Math.floor(floor / 5) *
5 : floor);
```

```
// 중복 층 제거
deliveryFloors = [...new Set(deliveryFloors)];

// 퀵 정렬
function quickSort(array) {
  if (array.length < 2) {
    return array;
  }

  const pivot = array[0];
  const less = array.slice(1).filter(i => i <= pivot);
  const greater = array.slice(1).filter(i => i > pivot);

  return [...quickSort(less), pivot, ...quickSort(greater)];
}

console.log(quickSort(deliveryFloors)); // 오름차순으로 정렬된 층 출력
```

코드 2-36

정렬된 결과를 보면 [1, 2, 3, 5, 6, 7, 8, 9, 10, 15, 20, 40]으로 방문할 층을 오름차순으로 정렬하여 출력하게 됩니다.

7

힙 정렬(Heap sort)

힙 정렬은 최댓값, 최솟값을 찾는데 특화된 정렬 방법입니다. 이러한 이유에서 해결해야 할 문제가 최대, 최솟값을 찾아내야 하는 것이라면 힙 정렬이 해답이 될 수 있겠다고 생각하시면 됩니다.

다만 힙 정렬은 다른 정렬보다 사전 지식이 필요한 정렬입니다. 힙의 정의를 알아보기 위해 정의의 정의까지 파헤쳐보겠습니다. 먼저 힙의 정의입니다.

힙의 정의: 최댓값 및 최솟값을 찾아내는 연산을 빠르게 하기 위해 고안된 완전 이진 트리(complete binary tree)를 기본으로 한 자료구조(tree-based structure)로서 다음과 같은

힙 속성(property)을 만족한다.[*]

상당히 어려운 설명입니다. 이 설명을 이해하기 위해선 완전 이진 트리라는 용어를 제대로 이해해야 합니다. 완전 이진 트리는 이진 트리의 종류 중 하나입니다. 이진 트리는 컴퓨터 과학 용어로, 각각의 노드가 최대 두 개의 자식 노드를 가지는 트리 자료 구조입니다.

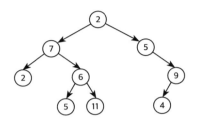

그림 2-11

이진 트리를 처음 보면 '이게 도대체 뭔데?' 싶을 수 있는데, 중학교 수학 때 배운 행렬의 매트릭스처럼 데이터를 표현하는 한 가지 방식이라 생각하시면 됩니다. 그림 2-11의 각 동그라미를 노드라고 부르며, 가장 위에 2라는 노드에서 출발(루트 노드)하고 있고, 2는 7과 5라는 자식 노드를 가지고 있습니다.

이진 트리에는 레벨이 존재합니다. 가장 위부터 Level 0이며, 내려갈수록 레벨은 증가합니다.

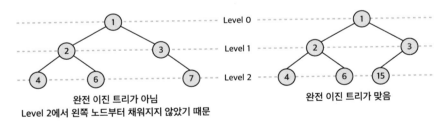

그림 2-12

이진 트리에서 종류가 많은데 우리가 알고 싶은 완전 이진 트리는 그림 2-12의 오른쪽 그림과 같습니다. 먼저 마지막 레벨을 제외하고, 모든 노드가 꽉 차있어야 합니다. 또한

---

* 출처 위키백과: https://ko.wikipedia.org/wiki/힙_(자료구조)

채워진 위치가 빠지면 안되는데, 노드는 왼쪽에서 오른쪽으로 채워져야 합니다. 만약 왼쪽이 빈 상태로 오른쪽 자식 노드만 채워진 상태라면 완전 이진 트리가 될 수 없습니다.

힙의 정의를 다시 보겠습니다.

> 힙의 정의: **최댓값 및 최솟값을 찾아내는 연산**을 빠르게 하기 위해 고안된 완전 이진 트리 (complete binary tree)를 기본으로 한 자료구조(tree-based structure)로써 다음과 같은 힙 속성(property)을 만족한다.

정의를 다시 보면 우리는 완전 이진 트리를 사용해, 최댓값 및 최솟값을 찾아낼 수 있습니다. 완전 이진 트리의 특징을 바탕으로 어떻게 최대, 최솟값을 빠르게 찾아낼 수 있을까요? 힙 정렬의 순서를 다음과 같습니다.

> 1단계: 정렬해야 할 n개의 원소를 사용해 최대 힙(max heap) 형태의 완전 이진 트리를 만듭니다.
>
> 2단계: 한 번에 하나씩 원소를 힙에서 꺼낸 후 배열의 뒤부터 저장합니다.
>
> 3단계: 2단계를 반복하면, 최댓값부터 값이 감소하는 순서로 배열에 저장됩니다.

이번에 처음 보는 단어인 **최대 힙**이 나왔네요. 힙에는 최대 힙, 최소 힙이 있는데 다음과 같은 특징이 있습니다.

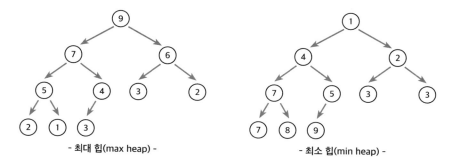

- 최대 힙(max heap) -   - 최소 힙(min heap) -

그림 2-13

최대 힙의 특징은 다음과 같습니다.

- 각 노드의 값이 해당 노드의 자식 노드들의 값보다 크거나 같습니다.
- 루트 노드에는 전체 힙에서 가장 큰 값이 위치합니다.
- 우선순위 큐에서는 가장 큰 값이 우선적으로 처리되어야 할 때 사용됩니다.

반대로 최소 힙은 다음의 특징이 있습니다.

- 각 노드의 값이 해당 노드의 자식 노드들의 값보다 작거나 같습니다.
- 루트 노드에는 전체 힙에서 가장 작은 값이 위치합니다.
- 우선순위 큐에서는 가장 작은 값이 우선적으로 처리되어야 할 때 사용됩니다.

최대 힙과 최소 힙은 정렬과 방향의 차이가 존재합니다. 그러므로 만약 힙 정렬을 할 때 내림차순으로 정렬이 필요하다면 최대 힙, 오름차순 정렬이 필요하다면 최소 힙을 사용할 수 있습니다. 그럼 개념적인 설명은 모두 마쳤으니 코드를 보면서 최대 힙을 만들고, 최대 힙에서 어떤 식으로 데이터를 정렬하는지 살펴보겠습니다.

```javascript
#javascript

function heapSort(arr) {
  // 힙을 구성하는 함수
  function buildHeap(arr) {
    const len = arr.length;
    for (let i = Math.floor(len / 2) - 1; i >= 0; i--) {
      heapify(arr, len, i);
    }
  }

  // 힙을 유지하도록 하는 함수
  function heapify(arr, len, idx) {
    let largest = idx;
    const left = 2 * idx + 1;
    const right = 2 * idx + 2;

    if (left < len && arr[left] > arr[largest]) {
      largest = left;
    }

    if (right < len && arr[right] > arr[largest]) {
      largest = right;
    }
```

```javascript
    if (largest !== idx) {
      [arr[idx], arr[largest]] = [arr[largest], arr[idx]];
     heapify(arr, len, largest);
     }
  }

  // 정렬을 수행하는 함수
  function sort(arr) {
    const len = arr.length;
    buildHeap(arr);

    for (let i = len - 1; i >= 0; i--) {
      [arr[0], arr[i]] = [arr[i], arr[0]];
      heapify(arr, i, 0);
    }

    return arr;
  }

  return sort(arr);
}

// 예시
const arr = [6, 3, 8, 2, 10, 5];
const sortedArr = heapSort(arr);
console.log(sortedArr); // [2, 3, 5, 6, 8, 10];
```

코드 2-37

가장 처음 나오는 heapSort( ) 함수는 입력된 배열을 힙 정렬로 정렬해 주는 실행 함수입니다. 이 안에는 앞서 설명한 3단계의 역할을 수행하는 함수가 존재합니다. 먼저 buildHeap( ) 함수는 heapify( ) 함수를 사용해 최대 힙을 구성합니다. heapify( ) 함수는 복잡한 비교 연산이 발생하고, 재귀적으로 동작해 이해하기 어렵지만 도표를 통해서 다음과 같은 절차를 밟는다는 것을 알 수 있습니다.

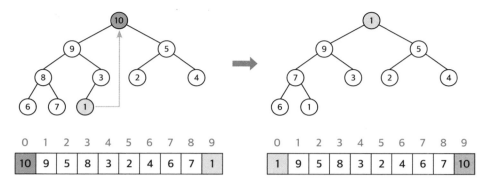

1 최대 힙의 루트 노드를 배열의 마지막 값과 교환, 가장 큰 값은 배열의 마지막에 저장

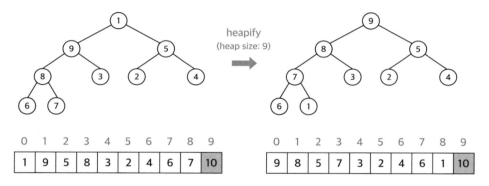

2 마지막 요소를 제외한 크기가 9인 힙을 다시 재구조화

heapify
(heap size: 9)

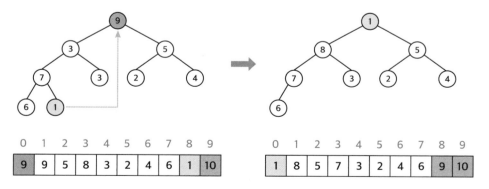

3 다시 최대 힙의 루트 노드를 배열의 마지막 값과 교환

④ 마지막 요소를 제외한 크기가 9인 힙을 다시 재구조화

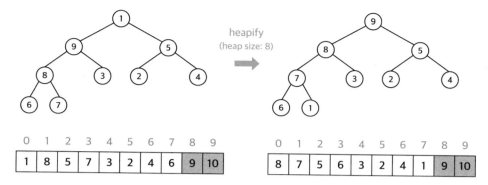

⑤ 해당 과정을 반복하여 힙 정렬 구현

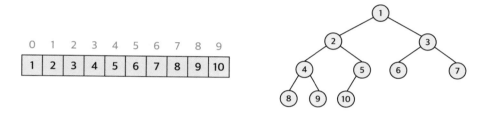

그림 2-14

힙 정렬은 이진 트리를 사용하기 때문에 다른 정렬보다 어렵게 느껴질 수 있으나, 최대
최소 문제에서 탁월한 성능을 보여주기 때문에 꼭 알아야 하는 알고리즘 패턴입니다. 힙
정렬을 사용해야 할 때와 주의 사항은 다음과 같습니다.

알고리즘	시간 복잡도(최선)	시간 복잡도(평균)	시간 복잡도(최악)	공간 복잡도
버블 정렬	O(n)	O(n²)	O(n²)	O(1)
선택 정렬	O(n²)	O(n²)	O(n²)	O(1)
삽입 정렬	O(n)	O(n²)	O(n²)	O(1)
합병 정렬	O(n log n)	O(n log n)	O(n log n)	O(n log n)
퀵 정렬	O(n log n)	O(n log n)	O(n²)	O(log n)
힙 정렬	**O(n log n)**	**O(n log n)**	**O(n log n)**	**O(n) 또는 O(1)**

힙 정렬은 시간 복잡도가 좋습니다. 모든 경우에 O(n log n)의 시간 복잡도를 가집니다. 또한 이진 트리 노드의 특성을 활용해 최댓값, 최솟값을 추출하는데 유용합니다.

힙 정렬의 공간 복잡도는 독특하게도 2가지 패턴이 나타날 수 있습니다.

- In-place 힙 정렬: 추가적인 공간을 사용하지 않고 입력 배열 내에서 정렬을 수행하는 방식입니다. 이 경우, 힙 정렬의 공간 복잡도는 O(1)입니다.
- Out-place 힙 정렬: 추가적인 입력 배열을 생성하여 정렬을 만들고 수행합니다. 이 경우 추가 생성 배열의 크기는 입력 배열의 크기에 비례합니다.

또한 힙 정렬은 불안정 정렬입니다. 대부분 힙을 구성할 때 기존 배열의 순서와 무관하게 최대 힙을 구성하는(만족하는) 데 중점을 둡니다. 이 과정에서 동일 값의 순서 변경이 발생할 여지가 있습니다. 또한 루트 노드 선택 과정에서 가장 큰 값 또는 작은 값을 택하게 되는데, 동일한 값이 여러 개 있는 경우 상대적인 순서가 유지되기 어렵습니다. 이러한 이유에서 안정 정렬이 필요한 상황이라면 힙 정렬은 좋은 선택지가 아니라 볼 수 있습니다. 그럼 예제를 풀어보면서 배워보겠습니다.

예제

100개의 보물을 찾은 모험가

깊은 아마존의 정글 속에서 한 모험가 무리가 보물 100개를 발견했습니다. 오랜 전설에 따르면 보물 상자 겉면에 쓰여있는 고대의 숫자에 따라서 숫자가 클수록 더 귀한 보물이 담겨있다고 합니다. 이 사실을 오직 당신만 알고 있었기에 다른 모험가들에게는 최대한 안 좋은 보물 상자를 주고, 귀한 보물 상자를 챙기고 싶습니다. 어떻게 하면 좋을까요?

힙 정렬 알고리즘은 최대, 최소를 찾아내는 데 특화 되어있기 때문에 가치가 높은 순서를 찾아 자신이 챙기고, 반대로 교환된 낮은 가치의 보물 상자는 동료들에게 주는 전략을 택할 수 있습니다.

예제 입력

```
#javascript

let treasureBoxs = [2, 5, 20, 602, 49, 856, 10, 5, 1, ..., 298, 457, 21, 790, 988]
```

코드 2-38

풀이

```javascript
#javascript

function heapify(arr, n, i) {
  let largest = i;
  let left = 2 * i + 1;
  let right = 2 * i + 2;

  if (left < n && arr[left] > arr[largest]) {
    largest = left;
  }

  if (right < n && arr[right] > arr[largest]) {
    largest = right;
  }

  if (largest != i) {
    let swap = arr[i];
    arr[i] = arr[largest];
    arr[largest] = swap;

    heapify(arr, n, largest);
  }
}
function heapSort(arr) {
  let n = arr.length;

  for (let i = Math.floor(n / 2) - 1; i >= 0; i--) {
    heapify(arr, n, i);
  }

  for (let i = n - 1; i > 0; i--) {
    let temp = arr[0];
    arr[0] = arr[i];
    arr[i] = temp;
```

```
    heapify(arr, i, 0);
  }
}

let treasureBoxs = [2, 5, 20, 602, 49, 856, 10, 5, 1, ..., 298, 457, 21, 790,
988]
heapSort(treasureValues);
console.log(treasureValues.reverse()); // 가치가 높은게 0번 인덱스로 오도록!
```

코드 2-39

예제

조금 까다로운 손님을 만난 바텐더

초보 바텐더에게 특이한 손님이 찾아왔습니다.

"이 가게에서 가장 도수가 높은 위스키와 가장 낮은 위스키 한 잔씩 주시오."

그러나 가게에는 위스키 종류가 100종류나 되고, 각각이 모두 다른 도수를 지니고 있습니다. 바텐더는 일한 지 얼마 되지 않아 어떤 위스키가 어떤 도수인지 표시를 봐야만 알수 있었습니다.

손님은 거기에 더불어 2번째 조건을 달았습니다.

"술이 너무 많아 보이니 30초만 살펴보고 그중에 가장 도수가 높은 것과 낮은 것을 주시오."

바텐더는 두 술의 도수를 비교해 순서를 변경하는 데 매번 1초가 걸렸습니다. 그러면 손님에게 제공할 2개의 위스키는 과연 어떤 술이 제공될까요?

예제 입력

```
// 총 100가지 도수를 가진 위스키
let whiskeys = [40, 42.5, 45, 50, 55, 60, 65, ... , 70, 75, 80, 85, 90, 95, 100];
```

코드 2-40

풀이

최대 최소 문제는 힙 정렬을 활용하면 좋기 때문에 먼저 힙 정렬 함수를 작성해 봅시다.

```javascript
#javascript

function heapify(arr, n, i) {
  let largest = i;
  let left = 2 * i + 1;
  let right = 2 * i + 2;

  if (left < n && arr[left] > arr[largest]) {
    largest = left;
  }

  if (right < n && arr[right] > arr[largest]) {
    largest = right;
  }

  if (largest !== i) {
    [arr[i], arr[largest]] = [arr[largest], arr[i]];
    heapify(arr, n, largest);
  }
}
```

코드 2-41

바텐더는 최댓값과 최솟값을 찾는데 총 30초의 시간을 사용할 수 있습니다. 두 개의 도수를 비교하는 시점을 여러 곳에서 잡을 수 있지만 계산이 너무 복잡하므로 간단하게 heapify 함수를 실행할 때마다 1초씩 사용한다고 가정합니다.

```javascript
#javascript

// 바텐더에게 남은 시간
let availableTime = 30;

function heapify(arr, n, i) {
```

```
  let largest = i;
  let left = 2 * i + 1;
  let right = 2 * i + 2;
  if (left < n && arr[left] > arr[largest]) {
    largest = left;
  }

  if (right < n && arr[right] > arr[largest]) {
    largest = right;
  }

  if (largest !== i) {
    [arr[i], arr[largest]] = [arr[largest], arr[i]];
    heapify(arr, n, largest);
  }
  availableTime -= 1; // 시간 감소
}
```

코드 2-42

이제 힙 정렬을 활용해 최댓값과 최솟값을 찾는 함수를 추가해 봅시다.

```
// 랜덤한 위스키 도수를 담고 있는 배열
let whiskeys = Array.from({length: 100}, () => Math.random() * 100 + 1);
console.log(`정돈 안된 위스키들: ${whiskeys}`);

// 바텐더에게 남은 시간
let availableTime = 30;

function heapify(arr, n, i) {
  let largest = i;
  let left = 2 * i + 1;
  let right = 2 * i + 2;
  if (left < n && arr[left] > arr[largest]) {
    largest = left;
  }
```

```
    if (right < n && arr[right] > arr[largest]) {
      largest = right;
    }

    if (largest !== i) {
      [arr[i], arr[largest]] = [arr[largest], arr[i]];
      heapify(arr, n, largest);
    }
    availableTime -= 1; // 시간 감소
  }

  let n = whiskeys.length;

  // 최댓값 찾기
  for (let i = Math.floor(n / 2) - 1; i >= 0; i--) {
    heapify(whiskeys, n, i);
    if (availableTime <= 0) {
      break;
    }
  }

  // 최솟값 찾기
  for (let i = Math.floor(n / 2) - 1; i >= 0; i--) {
    heapify(whiskeys, n, i);
    if (availableTime <= 0) {
      break;
    }
  }

  console.log(`급하게 정돈한 위스키: ${whiskeys}`);
  console.log(`도수가 가장 높은 위스키: ${whiskeys[0]}`);
  console.log(`도수가 가장 낮은 위스키: ${ whiskeys[whiskeys.length -1]}`);
```

코드 2-43

완성된 코드를 실행시켜보면 꽤나 재밌는 결과를 볼 수 있습니다. 30초라는 시간 내에서
는 엉뚱한 결과를 가져와서 때로는 도수가 가장 높은 위스키가 도리어 낮은 걸 반환하기

도 하고, 도수가 낮은 걸 보내야 할 때는 높은 걸 보내기도 합니다.

하지만 바텐더에서 충분한 시간을 제공한다면 위스키를 순서대로 정돈할 시간이 생겨서 이상한 위스키가 나올 가능성은 낮아지게 됩니다. 모두들 바텐더에겐 충분한 시간을 줍시다.

8 기수 정렬(Radix sort)

기수 정렬은 앞선 정렬 방법과 매우 다른 방식으로 정렬을 진행합니다. 바로 자릿수를 기반으로 정렬하게 됩니다. 가령 숫자의 일의 자리, 십의 자리, 백의 자리와 같은 자릿수입니다. 당연하게도 2자리 숫자는 언제나 1자리 숫자보다 큽니다. 3자리 숫자는 2자리 숫자보다 크다는 사실은 초등학생도 알고 있습니다. 보통 기수 정렬은 10진수를 기반하여 설명하고, 사용하지만 원리를 이해하면 다른 진법에서도 적극적으로 활용할 수 있습니다. 기수 정렬은 다음과 같은 순서로 작동합니다.

1단계: 가장 작은 자릿수부터 가장 큰 자릿수까지 반복하여 비교합니다.(주의할 점은 가장 작거나 큰 값이 아닌 자릿수라는 점입니다.)
2단계: 각 자릿수를 기준으로 입력 배열을 정렬합니다.
3단계: 각 자릿수별로 정렬된 배열을 합쳐 정렬을 완료합니다.

가령 입력 배열이 1부터 999까지 숫자가 무작위로 있는 경우라면 가능한 자릿수는 3가지 (일, 십, 백)뿐입니다. 1단계에서 주어진 입력 배열을 순회하며 숫자의 자릿수에 따른 배열에 저장합니다. 다만 최댓값을 모르는 경우라면 최댓값을 기준으로 자릿수별 배열을 만들어야 하므로, 최댓값을 찾는 함수가 필요합니다.

```javascript
#javascript

// 입력 배열의 최댓값
function findMax(arr) {
  let max = arr[0];
  for (let i = 1; i < arr.length; i++) {
    if (arr[i] > max) {
      max = arr[i];
```

```
      }
    }
    return max;
}

function radixSort(arr) {
  const max = findMax(arr); // 입력 배열의 최댓값을 찾음

  // 자릿수별 기수 정렬
  function countingSort(arr, exp) {
    const count = new Array(10).fill(0);
    const output = new Array(arr.length);

    for (let i = 0; i < arr.length; i++) {
      const digit = Math.floor(arr[i] / exp) % 10;
      count[digit]++;
    }

    for (let i = 1; i < 10; i++) {
      count[i] += count[i - 1];
    }

    for (let i = arr.length - 1; i >= 0; i--) {
      const digit = Math.floor(arr[i] / exp) % 10;
      output[count[digit] - 1] = arr[i];
      count[digit]--;
    }

    for (let i = 0; i < arr.length; i++) {
      arr[i] = output[i];
    }
  }

  // 가장 큰 자릿수부터 시작하여 기수 정렬을 반복적으로 수행하는 함수
  function radixSortUtil(arr) {
    const len = arr.length;
    const maxDigit = Math.floor(Math.log10(max) + 1); // 최대 자릿수
```

```javascript
  for (let exp = 1; Math.floor(max / exp) > 0; exp *= 10) {
      countingSort(arr, exp);
    }
  }

  radixSortUtil(arr);
  return arr;
}
```

코드 2-44

코드 2-44와 같은 형태로 기수 정렬 코드를 구성할 수 있습니다. 그러나 자바스크립트 개발자라면 몇 가지 코드 개선이 가능한데, 다음과 같이 아이디어를 적용해 볼 수 있습니다.

```javascript
#javascript

function radixSort(arr) {

  const countingSort = (arr, exp) => {
    const output = new Array(arr.length).fill(0);
    const count = new Array(10).fill(0);

    arr.forEach((num) => {
      const digit = Math.floor(num / exp) % 10;
      count[digit]++;
    });

    for (let i = 1; i < count.length; i++) {
      count[i] += count[i - 1];
    }

    for (let i = arr.length - 1; i >= 0; i--) {
      const digit = Math.floor(arr[i] / exp) % 10;
      output[count[digit] - 1] = arr[i];
      count[digit]--;
```

```
      }
      output.forEach((num, i) => {
        arr[i] = num;
      });
    };

    const max = Math.max(...arr);
    const maxDigit = Math.floor(Math.log10(max) + 1);

    for (let exp = 1; Math.floor(max / exp) > 0; exp *= 10) {
      countingSort(arr, exp);
    }

    return arr;
  }
```

코드 2-45

기수 정렬은 자릿수를 비교하는 개념이기 때문에 정수에 적용하면 탁월하지만 문자열 정렬에도 사용할 수 있습니다. 반대로 자릿수가 없는 부동 소수점 실수와 같은 경우엔 기수 정렬이 불가합니다. 또한 자릿수별로 임시 배열을 저장할 때 공간 복잡도가 발생하는 점 역시 고려해야 합니다.

기수 정렬은 코드를 통해서도 쉽게 확인이 가능하지만 중첩 없는 반복들로 구성됩니다. 이러한 이유에서 $O(kn)$의 복잡도를 가지며, k는 자릿수가 몇 개나 있는지를 의미합니다. 따라서 기수 정렬은 다음의 복잡도로 정리할 수 있습니다.

알고리즘	시간 복잡도(최선)	시간 복잡도(평균)	시간 복잡도(최악)	공간 복잡도
버블 정렬	$O(n)$	$O(n^2)$	$O(n^2)$	$O(1)$
선택 정렬	$O(n^2)$	$O(n^2)$	$O(n^2)$	$O(1)$
삽입 정렬	$O(n)$	$O(n^2)$	$O(n^2)$	$O(1)$
합병 정렬	$O(n \log n)$	$O(n \log n)$	$O(n \log n)$	$O(n \log n)$
퀵 정렬	$O(n \log n)$	$O(n \log n)$	$O(n^2)$	$O(\log n)$
힙 정렬	$O(n \log n)$	$O(n \log n)$	$O(n \log n)$	$O(n)$ 또는 $O(1)$
기수 정렬	$O(kn)$	$O(kn)$	$O(kn)$	$O(n)$

기수 정렬은 안정 정렬에 해당하며, 비교 연산이 없이 자릿수를 기준으로 정렬하기 때문에 일반적인 알고리즘보다 좋은 성능을 보여줍니다. 앞서 설명한 것처럼 입력 데이터가 제약이 있으니 구현 과정에서는 기수 정렬을 사용할 적절한 데이터 세트인지 확인이 필요합니다.

예제

노력 왕 선발 대회

한 고등학교에서 성적과 무관하게 공부를 오랫동안 한 학생에게 특별한 상을 주고자 합니다. 이 고등학교는 학생이 매년 몇 시간 공부했는지 기록됐고, 학년, 반, 번호순으로 나열되어 있습니다. 그러나 이 고등학교는 학생 수가 셀 수 없이 많아서 기존의 방식으로는 순서를 매기기 어려운 수준이었습니다.

이 문제를 기수 정렬을 이용해 빠르게 해결해 봅시다.

예제 입력

```javascript
#javascript

let students = [
  { grade: 1, class: 1, number: 1, studyTime: 120 },
  { grade: 1, class: 1, number: 2, studyTime: 150 },
  { grade: 1, class: 2, number: 1, studyTime: 90 },
  { grade: 1, class: 2, number: 2, studyTime: 130 },
  { grade: 2, class: 1, number: 1, studyTime: 60 },
  { grade: 2, class: 1, number: 2, studyTime: 110 },
  { grade: 2, class: 2, number: 1, studyTime: 100 },
  { grade: 2, class: 2, number: 2, studyTime: 80 },
  { grade: 3, class: 1, number: 1, studyTime: 30 },
  …
  // 끝없는 학생들...
];
```

코드 2-46

풀이

간단하게 기수 정렬 함수를 통해서 studyTime에 대해서 정렬해주면 됩니다.

```javascript
#javascript

function radixSort(arr, key) {
  const maxNum = Math.max(...arr.map(obj => obj[key])) * 10;
  let divisor = 10;
  while (divisor < maxNum) {
    let buckets = [...Array(10)].map(() => []);
    for (let num of arr) {
      buckets[Math.floor((num[key] % divisor) / (divisor / 10))].push(num);
    }
    arr = [].concat.apply([], buckets);
    divisor *= 10;
  }
  return arr;
}

let students = [
  { grade: 1, class: 1, number: 1, studyTime: 120 },
  { grade: 1, class: 1, number: 2, studyTime: 150 },
  { grade: 1, class: 2, number: 1, studyTime: 90 },
  { grade: 1, class: 2, number: 2, studyTime: 130 },
  { grade: 2, class: 1, number: 1, studyTime: 60 },
  { grade: 2, class: 1, number: 2, studyTime: 110 },
  { grade: 2, class: 2, number: 1, studyTime: 100 },
  { grade: 2, class: 2, number: 2, studyTime: 80 },
  { grade: 3, class: 1, number: 1, studyTime: 30 },
];


console.log(radixSort(students, 'studyTime'));
```

코드 2-47

코드 2-47은 students 배열의 각 객체에서 studyTime 속성을 추출하여 기수 정렬을 수행합니다. 이 코드를 실행하면 공부 시간이 적은 순서대로 학생 정보가 정렬된 배열이 출력됩니다. 이렇게 기수 정렬 알고리즘은 객체의 특정 속성에 대해 정렬을 수행하는 데도 유용하게 사용할 수 있습니다.

더 알아보기: 문자열 정렬하기

기수 정렬은 다양한 형태로 사용할 수 있는데 문자열에도 적용이 가능합니다. 방법은 문자열을 정수로 바꾼 후 기수 정렬을 통해 정렬하고, 다시 문자열로 변환하면 됩니다.

풀이

```javascript
#javascript

// 문자를 숫자로 변환
function convertToNumeric(str) {
  const numericArr = [];
  for (let i = 0; i < str.length; i++) {
    numericArr.push(str.charCodeAt(i)); // ①: 문자열 코드로 변환
  }
  return numericArr;
}


// 기수 정렬 함수
function radixSortString(arr) {
  const maxLen = getMaxStringLength(arr); // 입력 배열에서 가장 긴 문자열의 길이를 구함

  for (let i = maxLen - 1; i >= 0; i--) {
    countingSortString(arr, i);
  }
  return arr;
}

  // 문자열의 특정 자릿수를 기준으로 계수 정렬하는 함수
```

```
function countingSortString(arr, pos) {
  const output = new Array(arr.length).fill('');
   const count = new Array(256).fill(0); // ASCII 문자 범위에 따라 적절한 크기로 설정

   for (let i = 0; i < arr.length; i++) {
     const charCode = (pos < arr[i].length) ? arr[i].charCodeAt(pos) : 0;
     count[charCode]++;
   }

   for (let i = 1; i < count.length; i++) {
     count[i] += count[i - 1];
   }

   for (let i = arr.length - 1; i >= 0; i--) {
     const charCode = (pos < arr[i].length) ? arr[i].charCodeAt(pos) : 0;
     output[count[charCode] - 1] = arr[i];
     count[charCode]--;
   }

   for (let i = 0; i < arr.length; i++) {
     arr[i] = output[i];
   }
}

// 입력 배열에서 가장 긴 문자열의 길이를 구하는 함수
function getMaxStringLength(arr) {
  let maxLen = 0;
  for (let i = 0; i < arr.length; i++) {
    if (arr[i].length > maxLen) {
      maxLen = arr[i].length;
    }
  }
  return maxLen;
}
```

코드 2-48

이 문제는 코드 2-48의 주석 ①에 위치한 charCodeAt 메서드를 알고 있다면 매우 쉽게 해결할 수 있습니다. charCodeAt은 문자의 유니코드(unicode)를 반환하는 함수로 누차 강조한 자바스크립트 String 타입 프로토타입 메서드입니다. 아마도 여기서 유니코드를 잘 모르시는 분들은 다음과 같은 궁금증이 생기실 수 있습니다.

"유니코드 숫자가 가나다 순서로 제대로 이뤄져 있을까?"

	AC0	AC1	AC2	AC3	AC4	AC5	AC6	AC7	AC8	AC9	ACA	ACB	ACC	ACD	ACE	ACF
0	가	감	갠	갰	걀	걐	걠	거	검	겐	겠	결	격	겼	고	곰
	AC00	AC10	AC20	AC30	AC40	AC50	AC60	AC70	AC80	AC90	ACA0	ACB0	ACC0	ACD0	ACE0	ACF0
1	각	갑	갱	갱	걁	걑	걡	걱	겁	겑	겡	겸	겱	곀	곡	곱
	AC01	AC11	AC21	AC31	AC41	AC51	AC61	AC71	AC81	AC91	ACA1	ACB1	ACC1	ACD1	ACE1	ACF1
2	갂	값	갲	갲	걂	걒	걢	걲	겂	겒	겢	겹	겲	곂	곢	곲
	AC02	AC12	AC22	AC32	AC42	AC52	AC62	AC72	AC82	AC92	ACA2	ACB2	ACC2	ACD2	ACE2	ACF2
3	갃	갓	갳	갳	걃	걓	걣	것	겓	겣	겳	겺	겳	곃	곣	곳
	AC03	AC13	AC23	AC33	AC43	AC53	AC63	AC73	AC83	AC93	ACA3	ACB3	ACC3	ACD3	ACE3	ACF3
4	간	갔	갴	객	걄	겜	건	겄	겔	격	겼	계	겜	곤	곴
	AC04	AC14	AC24	AC34	AC44	AC54	AC64	AC74	AC84	AC94	ACA4	ACB4	ACC4	ACD4	ACE4	ACF4
5	갅	강	갵	갵	걅	객	걥	겅	겕	겥	겵	격	겹	곥	공
	AC05	AC15	AC25	AC35	AC45	AC55	AC65	AC75	AC85	AC95	ACA5	ACB5	ACC5	ACD5	ACE5	ACF5
6	갆	갖	갶	갶	걆	겂	겂	겆	겖	겦	겶	격	겺	곦	곶
	AC06	AC16	AC26	AC36	AC46	AC56	AC66	AC76	AC86	AC96	ACA6	ACB6	ACC6	ACD6	ACE6	ACF6
7	갇	갗	갷	갷	걇	걗	건	겇	겗	겧	겷	겇	겻	곧	곷
	AC07	AC17	AC27	AC37	AC47	AC57	AC67	AC77	AC87	AC97	ACA7	ACB7	ACC7	ACD7	ACE7	ACF7

그림 2-15 출처: http://www.unicode.org/charts/PDF/UAC00.pdf

한글을 비롯한 유니코드에 저장된 문자는 가나다 순서에 맞춰 순차적으로 값을 배정받았습니다. 즉 유니코드순으로 정렬하면 그것이 곧 가나다순 정렬이 됩니다. 그림 2-15를 보시면 두 번째 궁금증이 생기실 수 있습니다.

"유니코드에는 '가'는 AC00과 같은 형태로 값이 배정된 것 같은데 숫자로 어떻게 변환이 될까?"

이 부분은 charCodeAt 메서드가 처리합니다. AC00과 같은 표기는 16진수로 표기됐기 때문이고, 우리가 원하는 10진수 숫자로 변환이 가능합니다. charCodeAt은 문자를 입력받아, 16진수 형태의 유니코드 값을 10진수로 변환해 반환하는 것입니다.

9

자바스크립트 정렬

지금까지 정렬의 정의와 구현 방법을 하나하나 배워봤습니다. 정렬을 매번 함수로 만들어도 되지만 자바스크립트에서는 기본적으로 제공하는 정렬 함수가 존재하고, 이를 적극적으로 활용하는 것이 중요합니다.

가장 대표적인 정렬 메서드는 Array.prototype.sort( )*입니다. 모든 배열에 사용할 수 있고, 다음과 같은 방식으로 동작합니다.

```javascript
#javascript

const array1 = [5,7, 2, 9, 6, 13];
array1.sort();
console.log(array1); // 결과: [2, 5, 6, 7, 9, 13]

const array2 = ['red', 'blue', 'yellow', 'green'];
array2.sort();
console.log(array2); // 결과: ['blue', 'green', 'red', 'yellow']
```

코드 2-49

배열에 sort( ) 메서드를 호출하면 호출한 배열이 정렬하게 됩니다. 숫자와 문자열 모두 쉽게 정렬이 가능합니다. 이러한 이유에서 개발자들은 알고리즘을 사용해 정렬을 구현하기도 하지만 간단하게 sort( ) 메서드를 사용해 정렬을 하는 경우가 더 많습니다. 대부분의 자바스크립트 개발자는 "정렬에는 sort( )" 정도로 생각하고, 복잡도를 고민 안하고 프로그래밍하는 경우가 많은데 알고리즘을 공부하는 입장에서 sort( )가 어떤 복잡도를 가지는지 알고, 상황에 맞는 정렬 방식을 택해야 할 것입니다.

sort( )는 호출되는 환경에 따라 차이가 있는 것으로 알려져 있습니다. Firefox 브라우저의 경우 합병 정렬 방식을 사용하고, Chrome V8의 경우 합병과 삽입 정렬의 하이브리드 버전인 Tim sort를 쓴다고 알려져 있습니다**. 해당 알고리즘의 복잡도는 O(n log n)이며,

* https://developer.mozilla.org/ko/docs/Web/JavaScript/Reference/Global_Objects/Array/sort

** https://github.com/v8/v8

안정 정렬이고, 제자리 정렬(In-place)입니다.

요약하면 자바스크립트 환경에서 정렬은 sort( ) 메서드를 활용하는 것이 나쁘지 않은 선택이며, 프로덕션 레벨이나 코딩 테스트에서도 sort( ) 사용은 큰 문제가 되지 않습니다. 오히려 동일한 구현이라면 sort( )로 짧게 구현하는 것이 나을 수 있습니다.

sort( )의 활용법은 다양합니다. 매개변수 없이 함수를 호출해도 되지만 정렬 조건을 바꿔야 한다면 매개 변수를 다음과 같이 변경하여 사용할 수 있습니다.

```javascript
#javascript

const items = [
  { key: '하늘', value: 10 },
  { key: '바람', value: 5 },
  { key: '구름', value: 8 }
];

// value 기준으로 정렬
items.sort((a, b) => {
  if (a.value > b.value) {
    return 1;
  }
  if (a.value < b.value) {
    return -1;
  }
  // a는 b와 같아야 한다
  return 0;
});
```

코드 2-50

sort( ) 메서드는 매개변수로 비교 함수(compare function)를 넣어 사용합니다. 비교 함수에는 2개의 매개변수를 전달 가능한데, 코드 2-50에서처럼 a, b는 배열을 순회하며 순차적으로 나오는 배열 원소입니다. 콜백 함수 부분만 잘라서 살펴보겠습니다.

```javascript
#javascript

(a, b) => {
  if (a.value > b.value) {
    return 1;
  }
 if (a.value < b.value) {
    return -1;
  }
  // a는 b와 같아야 한다
  return 0;
});
```

코드 2-51

비교 함수의 정렬 메커니즘을 단순화하여 설명하면 a는 0번 인덱스 원소, b는 1번 인덱스 원소라 할 수 있습니다. a의 value와 b의 value를 비교하여 1, −1, 0 셋 중 하나의 값을 반환합니다. a가 더 크다면 1을 리턴하고, 정렬 함수는 그다음 원소(2번 인덱스 원소)를 b에 할당해 a와 비교합니다. 만약 b가 이번엔 a보다 크다면 b를 a에 할당하고, 새로운 b는 그다음 원소(3번 인덱스 원소)를 할당해 비교를 진행합니다.

sort( )의 비교 함수에서 1, −1, 0을 반환해서 꼭 3개의 값 중 하나만 전달해야 하는 것으로 생각할 수 있는데 그렇지 않습니다. 두 값 중 더 큰 값이 다음 비교 대상자가 된다는 것만 기억하시면 됩니다.

```javascript
#javascript

(a, b) => {
    return a.value - b.value
});
```

코드 2-52

sort( ) 함수 내에 선언할 수 있는 비교 함수를 수정하면 여러 변경이 가능합니다. 가령 내림차순 정렬이나, 절댓값으로 정렬 등 다양한 형태로 사용할 수 있습니다.

```javascript
#javascript

// 내림차순 정렬
function compareDesc(a, b) {
  return b - a;
};

// 절댓값 오름차순 정렬
function compareAbs(a, b) {
  return Math.abs(a) - Math.abs(b)
};
```

코드 2-53

3장

검색 알고리즘

선형 탐색(Linear search)

'Search'라는 단어를 영어사전에서 찾으려면 어떻게 해야 할까요?

보통 사람들은 첫 번째 글자 S의 위치를 찾고, S라고 표기된 부분부터 탐색을 시작하게 됩니다. S를 찾고, 그다음은 e로 시작되는 것을 찾고, 이 과정을 반복해 'Search'라는 단어를 찾게 됩니다. 사전은 사람이 찾기 쉽게 순차 정렬이 되어 있어, 중간중간 스킵을 할 수 있습니다. 그런데 반대로 무작위로 섞인 상황이면 어떨까요? 모든 사전의 종이가 1장씩 A4 용지로 출력되어 있고, 뒤죽박죽 섞은 상태로 쌓여 있다고 생각해 보겠습니다. 아마도 최선의 방법은 그 수많은 종이를 한 장씩 살펴볼 수밖에 없을 겁니다.

단순하기도 하지만 우리가 본능적으로 가장 직관적이라 할 수 있는 이 방법이 선형 탐색(또는 선형 검색)입니다.

```javascript
#javascript

const dictionary = [
  {
    word: "a",
    mean: "라틴 문자의 첫번째 글자"
  },
  ...
];

function findMean (keyword, array) {
  for (let i = 0; i < array.length - 1; i++) {
    if (array.word === keyword) {
      return array.mean;
    }
  }
  return "단어를 찾지 못했습니다."
}

findMean("a", dictionary);
```

코드 3-1

코드 3-1에는 영어 단어 사전을 저장하는 배열 dictionary가 있고, 이를 findMean 함수가 하나씩 순회하며 찾고 있습니다. 하나의 반복문을 돌면서 주어진 값이 나올 때까지 검색합니다. 그러므로 선형 탐색의 시간 복잡도는 O(n)이라 할 수 있습니다. 자바스크립트에서는 선형 탐색을 사용해 배열에서 원하는 값을 반환받는 메서드가 존재합니다. 바로 Array.prototype.find( )*입니다. find( ) 메서드는 선형 탐색을 사용하므로 동일하게 O(n)의 시간 복잡도를 가지게 되고, 일반적인 경우 선형 탐색을 구현할 때 find( ) 메서드만을 사용해 코드를 작성합니다.

```javascript
#javascript

const dictionary = [
  {
    word: "a",
    mean: "라틴 문자의 첫번째 글자"
  },
  ...
];

const result = dictionary.find(el => el.word === "검색어");
```

코드 3-2

find( ) 메서드는 일치하는 값이 있으면 반환하며, 만약 여러 원소가 일치하는 경우에는 인덱스가 낮은 원소를 우선하여 반환합니다. 아무런 값도 찾지 못한 경우엔 'undefined'를 반환합니다. 만약 일치하는 원소 중 가장 마지막 원소를 찾고 싶다면 findLast( ) 메서드를 사용할 수 있고, 또는 일치하는 원소의 인덱스 값만 받고 싶다면 findIndex( ) 사용하면 됩니다.(일치하는 마지막 원소의 인덱스는 findLastIndex( )를 사용할 수 있습니다.) 그럼 예제를 통해 선형 탐색을 알아봅시다.

예제
누가 밀크티를 훔쳤을까?

고등학교에 밀크티가 사라진 사건이 발생했습니다. 당신은 학교의 총학생회장이며 이

---

* https://developer.mozilla.org/ko/docs/Web/JavaScript/Reference/Global_Objects/Array/find

문제를 해결해야 합니다.('고작 밀크티 때문에 이렇게 찾아야 하나?'라고 생각할 수 있겠지만 총학생회장은 모든 학생들의 사건에 최선을 다해야겠지요!) 범인은 밀크티를 훔친후 모두가 모여있는 대강당에 숨어 들어 조회에 참여하고 있습니다. 놀랍게도 밀크티는 어디에 숨겼는지 보이지 않네요.

범인에 대한 목격자들의 증언은 다음과 같습니다.

- 범인은 밀크티를 훔쳐 강당의 10번째 줄로 들어갔다고 합니다.
- 범인은 눈에 띄는 파란 신발을 신고 있다고 합니다.
- 범인의 이름표를 정확히 보진 못했지만, 마지막 이름은 '수'로 끝났다고 합니다.

현재 강당에 모여있는 학생을 2차원 배열로 제공받을 때 범인을 찾아내 봅시다.

예제 입력

```
#javascript

const students = [
  // 1 ~ 9번째 줄 학생 정보 생략...
  [
    { name: '철수', shoes: 'red' },
    { name: '영희', shoes: 'blue' },
    { name: '민수', shoes: 'blue' },
    { name: '지민', shoes: 'black' },
    { name: '태현', shoes: 'blue' },
    { name: '승우', shoes: 'green' },
    // ... 나머지 학생 정보 생략
  ],
  // 11 ~ n번째 줄 학생 정보 생략...
];
```

코드 3-3

제공받은 자료를 보면 사실 바로 범인이 누구인지 코드를 사용하지 않더라도 목격자들의 증언을 통해 우리는 발견할 수 있습니다. 하지만 선형 탐색을 사용해서 한 명 한 명 색출해 낸다면 범인이 느끼는 압박감은 더 클 것입니다. 총학생회장의 권위를 이용해서 한 명 한 명 범인이 맞는지 선형 탐색을 시작해 봅시다.

풀이

```javascript
#javascript

function findSuspect(students, row, shoeColor, nameHint) {
  const suspects = students[row];
  for(let i = 0; i < suspects.length; i++) {
    if (suspects[i].shoes === shoeColor && suspects[i].name.endsWith(nameHint)) {
      return suspects[i];
    }
  }
  return null;
}

const students = [
  // 1 ~ 9번째 줄 학생 정보 생략...
  [
    { name: '철수', shoes: 'red' },
    { name: '영희', shoes: 'blue' },
    { name: '민수', shoes: 'blue' },
    { name: '지민', shoes: 'black' },
    { name: '태현', shoes: 'blue' },
    { name: '승우', shoes: 'green' },
    // ... 나머지 학생 정보 생략
  ],
  // 11 ~ n번째 줄 학생 정보 생략...
];

console.log(findSuspect(students, 9, 'blue', '수'));
```

코드 3-4

앞의 밀크티 도난 사건을 선형 탐색으로 비유하자면 여러분은 모든 강당의 학생들을 이동하지 못하게 한 상태로 다음의 절차를 밟은 것과 같습니다.

- 맨 앞줄에서 한 줄씩 세어 가며 10번째 줄까지 이동합니다.
- 10번째 줄에 도착한 후 한 명씩 이름표와 신발을 확인합니다.
- 일치하는 사람이 나올 때까지 이를 반복합니다.

만약 이름이 '수'로 끝나며 파란 신발 신은 학생이 2명 이상이라면 어떻게 해야 할까요? 그럴 때는 몸 어딘가에 숨긴 밀크티를 수색하면 되겠죠?(물론 코드에서는 할 수 없지만요.)

예제

테러리스트의 비밀 코드

당신은 비밀 요원으로서, 국가의 안보를 위협하는 테러 조직의 비밀 코드를 해독해야 합니다. 이 코드는 숫자로 이루어져 있고, 해당 숫자들이 약속된 패턴의 배열로 전달된다면 특정한 의미를 뜻한다는 사실을 발견했습니다.

당신의 조직은 모든 비밀 코드를 해독하진 못했지만 "작전 실행"을 의미하는 코드를 확보했습니다. 해당 코드는 '0 7 2 8 5'라는 숫자 배열입니다.

테러 조직은 이 숫자를 전달하고 바로 다음 날 테러를 실행하였기에 당신은 테러 집단의 암호 메시지에서 이 숫자가 존재하는지 찾아내야 합니다. 만약 없다면 "코드 없음"을 반환하는 알고리즘을 만들고자 합니다.

예제 입력

```
#javascript

// 테러 조직의 메시지를 배열화 한 것
let secretCodes = [0, 29, 5, 1, 3, 6, 92, 208, 39, 5, 6, 9, 29, 58, 22, 110,
... , 92, 95, 91, 2]
```

코드 3-5(1)

secretCodes의 길이가 매우 길어 당신은 선형 탐색을 사용해서 문제를 풀고자 한다면, 다음과 같이 코드를 작성할 수 있습니다.

풀이

```
#javascript

function checkSecretCodes(codes, targets) {
  let result = [];
```

```javascript
    for(let i = 0; i < targets.length; i++) {
      let foundIndexes = [];
      for(let j = 0; j < codes.length; j++) {
        if(codes[j] === targets[i]) {
          foundIndexes.push(j);
        }
      }
      result.push(foundIndexes);
    }
    return result;
}

let secretCodes = [0, 29, 5, 1, 3, 6, 92, 208, 39, 5, 6, 9, 29, 58, 22, 110,
... , 92, 95, 91, 2]
let targets = [0, 7, 2, 8, 5]; // 찾아야 하는 비밀 코드
console.log(checkSecretCodes (secretCodes, targets));
```

코드 3-5(2)

예제
지뢰 찾기

이번에는 지뢰 탐지 로봇을 프로그래밍하고자 합니다. M×M 크기의 지형에서 N개의 지뢰를 찾아야 합니다. 지형은 2차원 배열로 표현되며, 지뢰가 있는 칸은 1, 지뢰가 없는 칸은 0으로 표시됩니다. 지뢰 탐지 로봇은 [0][0] 위치부터 시작하여 하나씩 칸을 탐색하고, 탐색 결과에 따라 다음 칸에서 지뢰가 발견될 확률을 계산해야 합니다. 만약 지뢰가 모두 찾아진 상태라면 더 이상 수색을 하지 않고 "clear" 메시지를 전달합니다.

예제 입력

```javascript
#javascript

let field = [
  [0, 0, 0, 1, 0],
  [1, 0, 0, 0, 0],
  [0, 1, 0, 0, 0],
```

```
      [0, 0, 0, 0, 1],
      [0, 0, 1, 0, 0]
  ];
```

코드 3-6(1)

지뢰가 묻힌 field를 전달받았습니다. 지뢰의 개수 N이 5라고 전달받았을 때 코드는 다음
과 같이 작성될 수 있습니다.

풀이

```javascript
#javascript

function findMines(field, totalMines) {
  let foundMines = 0;
  let totalCells = field.length * field[0].length;

  for (let i = 0; i < field.length; i++) {
    for (let j = 0; j < field[i].length; j++) {
      if (field[i][j] === 1) {
        foundMines++;
        console.log(`지뢰 발견! 현재 위치: (${i}, ${j}), 남은 지뢰 확률:
        ${((totalMines - foundMines) / (totalCells - (i * field[i].length + j +
        1))).toFixed(2)}`);
      }
      if (foundMines === totalMines) {
        console.log('clear');
        return;
      }
    }
  }
}

let field = [
  [0, 0, 0, 1, 0],
  [1, 0, 0, 0, 0],
```

```
    [0, 1, 0, 0, 0],
    [0, 0, 0, 0, 1],
    [0, 0, 1, 0, 0]
];


findMines(field, 5);
```

코드 3-6(2)

findMines 함수를 실행하면 지뢰를 하나하나 찾아다니며 남은 지뢰의 확률을 보고합니다. 하지만, 이 알고리즘을 더욱 개선할 방법이 하나 있습니다. 바로 깊이 우선 탐색(DFS) 알고리즘을 사용하는 것입니다. DFS에 대해서는 나중에 설명할 깊이 우선 탐색에서 자세히 다룹니다.

2 이진 탐색(Binary search)

1부터 100까지 쓰인 카드가 정렬된 상태로 있다고 가정해 봅시다. 50이라고 쓰인 카드를 찾으려면 어떻게 하면 될까요? 카드 뭉치의 반으로 나누면 쉽게 찾을 수 있습니다. 75라고 쓰인 카드는 어떻게 찾을 수 있을까요? 반으로 나눈 카드 뭉치를 다시 나누면 쉽게 찾을 수 있습니다. 이와 같은 방식으로 데이터를 찾는 것을 이진 탐색(또는 이진 검색)이라 부릅니다.

이진 탐색은 특성상 데이터가 정렬된 상태여야 합니다. 정렬이 된 데이터가 맞다면 다음의 순서로 진행합니다.

1단계: 전체 배열의 중간 인덱스의 원소와 검색값을 비교합니다.
2단계: 검색값이 배열의 좌우 중 한 곳에 포함되면 다시 1단계를 반복합니다.

중간을 자르고, 크기를 비교하는 것은 반복하는 것이 이진 탐색 알고리즘이며, 선형 탐색보다 검색 횟수가 적기 때문에 시간 복잡도에서 우위가 있습니다.

```
#javascript

function binarySearch(arr, target) {
```

```javascript
  let left = 0;
  let right = arr.length - 1;

  while (left <= right) {
    let mid = Math.floor((left + right) / 2); // 배열의 중간 인덱스

    if (arr[mid] === target) {
      return mid;
    } else if (arr[mid] < target) {
      left = mid + 1;
    } else {
      right = mid - 1;
    }
  }

  return -1; // 검색값이 배열에 존재하지 않을 경우 -1을 반환합니다.
}
```

코드 3-7

이진 탐색은 O(log n)의 시간 복잡도를 가집니다. 중간값을 취하는 방식은 탐색 시간을 로그 선형적으로 감소시키게 됩니다. 간혹 이진 탐색을 자바스크립트로 구현할 때 재귀적 형태를 만들어 코드를 구현하기도 합니다. 그렇게 되면 앞서 정렬 알고리즘을 설명하면서 강조했던 것처럼 추가적인 공간 복잡도를 발생시키므로 O(n)의 공간 복잡도를 만들 수 있습니다. 코드 3-7과 같이 추가 메모리를 차지하지 않는 형태로 코드를 작성해야 O(1)의 공간 복잡도를 가질 수 있습니다.

예제
대형 서점에 전설의 알바생

한 대형 서점에는 전설의 알바생이 있습니다. 이 알바생은 어떤 책이든 그 누구보다 빠르게 찾아냅니다. 이 대형 서점에는 특징이 있는데, 모든 책이 부여된 고유번호(ISBN) 순으로 완벽하게 정돈되어 있고, 고객들은 절대 순서를 바꾸지 않습니다. 전설의 알바생은 이 사실을 바탕으로 이진 탐색을 사용해 책을 찾아냅니다. 이를 코드로 구현해 보면 다음과 같습니다.

예제 입력

```
#javascript

let bookISBNs = [9788996094050, 9788996094067, 9788996094074, 9788996094081,
9788996094098]; // 서점에 있는 책들의 배열
```

코드 3-8

풀이

```javascript
#javascript

function binarySearch(arr, target) {
  let left = 0;
  let right = arr.length - 1;

  while (left <= right) {
    let mid = Math.floor((left + right) / 2);

    if (arr[mid] === target) {
      return mid;
    } else if (arr[mid] < target) {
      left = mid + 1;
    } else {
      right = mid - 1;
    }
  }

  return -1;
}

let bookISBNs = [9788996094050, 9788996094067, 9788996094074, 9788996094081,
9788996094098];
console.log(binarySearch(bookISBNs, 9788996094074)); // 책의 위치 인덱스: 2
```

코드 3-9

문제는 아주 간단하게 이진 탐색을 사용하면 해결할 수 있습니다. 이대로 끝내면 아쉬우니 다음 질문의 답을 생각해 봅시다. 이 전설의 알바생은 평균적으로 몇 번의 이진 탐색을 걸쳐서 책을 찾아낼 수 있을까요?

평균적으로 서점에는 적어도 수천 권, 많으면 수십만 권의 책이 있다고 합니다. 만약 서점에 10만 권의 책이 있는 경우라면 전설의 알바생의 탐색 시간은 빅오 표현법에 따라 log2(10만)입니다. 이 값을 계산해 보면 약 17로, 평균적으로 17번의 탐색을 걸쳐 원하는 책을 찾아낼 수 있게 됩니다. 이렇게 실제 상황에 대입해 보면 빅오 표현법이 어떤 효용이 있는지 체감되실 겁니다.

예제
향기로운 학교 만들기

향기에 예민한 교장 선생님 한 분이 있었습니다. 하루는 학교 전체가 자신이 좋아하는 향이 나도록 하고 싶어 복도 중간중간 좋은 향이 나는 꽃나무를 두려고 합니다. 복도에는 여러 교실이 있고, 교실마다 간격은 다릅니다. 배치할 수 있는 꽃나무도 여러 개가 있습니다. 인접한 꽃나무끼리의 거리를 최대한 멀리하여 여러 교실에 향이 닿게 하고자 합니다. 어떻게 배치하면 좋을까요?

조건
- 복도는 x축이라고 보고, 교실의 위치는 x좌표 위에 있는 점으로 가정합니다.
- 출력값은 꽃나무를 배치할 위치를 배열로 반환한다.

예제 입력

```javascript
#javascript

let CLASSROOMS = [4, 7, 2, 5, 10, 13];
let FLOWER_TREES = 3;
```

코드 3-10

풀이

먼저 교실의 위치를 오름차순으로 정렬합니다. 그 다음 이진 탐색을 사용해서 꽃나무를 위치시킬 최대 거리를 찾는 방법을 사용하면 됩니다.

```javascript
#javascript

let CLASSROOMS = [4, 7, 2, 5, 10, 13];
let FLOWER_TREES = 3;

CLASSROOMS.sort((a, b) => a - b);

let start = CLASSROOMS[0]; // 왼쪽 끝 교실
let end = CLASSROOMS[CLASSROOMS.length - 1]; //오른쪽 끝 교실

let result = 0;

while (start <= end) {
  let mid = Math.floor((start + end) / 2);
  let value = CLASSROOMS[0];
  let count = 1;

  for (let i = 1; i < CLASSROOMS.length; i++) {
    if (CLASSROOMS[i] - value >= mid) {
      value = CLASSROOMS[i];
      count++;
    }
  }

  if (count >= FLOWER_TREES) {
    result = mid;
    start = mid + 1;
  } else {
    end = mid - 1;
  }
}

let treePositions = [CLASSROOMS[0]];
```

```
let lastPosition = CLASSROOMS[0];

for (let i = 1; i < CLASSROOMS.length; i++) {
  if (CLASSROOMS[i] - lastPosition >= result) {
    treePositions.push(CLASSROOMS[i]);
    lastPosition = CLASSROOMS[i];
  }
}

console.log(treePositions);
```

코드 3-11

예제 출력

[2, 7, 13]

꽃나무가 3개인 경우의 위치를 찾으면 [2, 7, 13]을 반환하게 됩니다. 2와 7이면 5의 차
이가 생기고, 7과 13은 6의 차이가 생기게 되어 가장 넓게 배치하게 됩니다. 혹시라도 몇
몇 분들은 5와 6의 서로 다른 간격이 생겼으니 잘못 푼 문제라고 생각하실 수도 있는데,
조건을 따르면 꽃나무의 인접한 거리가 넓게만 만들 수 있는 배치를 찾는 것입니다. 꽃
나무를 배치할 수 있는 최대 거리(양 끝 점인 2와 13에 먼저 배치)를 찾은 후에 그 거리
를 기준으로 꽃나무를 이분하여 배치하는 방식이 됩니다.

교실의 양 끝의 위치가 2와 13이라는 값이라 거리의 차이가 11이라서 애매하게 분할되어
이분 탐색 과정에서 값이 어색한 경우가 발생할 수 있습니다. 교실의 배치와 꽃의 수를
다음과 같이 변경하면,

```
#javascript

let CLASSROOMS = [0, 4, 7, 2, 5, 20, 15, 10, 13];
let FLOWER_TREES = 4;
```

코드 3-12

결과는 [0, 7, 13, 20]으로 배치되며, 만약 FLOWER_TREES = 5로 변경하면 깔끔하게
도 [0, 5, 10, 15, 20]이라는 배치가 나오게 됩니다.

3 깊이 우선 탐색(DFS, Depth-First Search)

선형 탐색과 이진 탐색은 훌륭한 알고리즘이지만 제약도 있습니다. 가령 일반적인 배열
형태가 아닌 데이터 형태에 대해서는 탐색이 쉽지 않아 집니다. 예를 들면, 서울에서 출
발해 부산까지 도착할 방법을 알아보기 위해선 어떻게 하면 좋을까요? 우리가 배운 지식
만을 활용해서 해결하기에는 머리가 복잡해질 것입니다. 이러한 데이터 형태를 우리는
그래프나 트리 형태로 만들 수 있고, 여기에서 최적의 답을 찾아내는 데 도움이 되는 알
고리즘이 깊이 우선 탐색입니다.

깊이 우선 탐색은 스택(Stack) 구조를 사용합니다. 스택은 계속해서 쌓이는 형태를 의미
합니다. 깨지기 쉬운 접시를 켜켜이 쌓는 경우를 생각해 보면 됩니다. 데이터를 입력할
때마다 접시를 한 장씩 올리고, 반대로 제거할 때도 맨 위에서부터 한 장씩 뺄 수 있습니
다. 이러한 특징을 후입선출(Last-In, First-Out, LIFO)이라 부릅니다. 가장 마지막에
추가된 데이터가 가장 먼저 삭제될 수 있습니다. 가장 처음 삽입한(push) 데이터는 나머
지 모든 데이터를 삭제한 후에 마지막에 삭제(pop)할 수 있습니다.

스택 자료 구조는 다음의 연산을 지원합니다.

- Push: 스택에 데이터를 삽입합니다. 스택의 최상단에 추가됩니다.
- Pop: 스택에 데이터를 삭제합니다. 스택의 최상단 데이터가 삭제됩니다.
- Peek(또는 Top): 스택에 맨 위에 데이터를 조회합니다.
- isEmpty: 스택이 비어있는지 확인합니다. Boolean을 반환합니다.

스택은 배열과 유사하지만 배열과 달리 데이터의 입력, 삭제 방식에 제약을 두어 성능상
에 이점이 생깁니다. 이러한 이유에서 인터넷 브라우저의 뒤로가기 기능처럼 동작해야
하는 상황에 요긴하게 사용될 수 있습니다.

깊이 우선 탐색이 강점을 가지는 두 번째 데이터 타입은 그래프입니다.

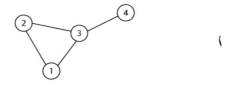

그림 3-1 그래프로 표현된 데이터

그래프는 2차원으로 원소 사이에 연결된 형태가 존재할 때 관계를 표현할 수 있는 자료 구조입니다. 대표적인 예시는 지도입니다.

그림 3-2 서울시 구 단위 지도

우리가 보는 지도는 그래프 자료 구조를 따라 변환이 가능한데, 가령 그림 3-2의 서울의 지역구 지도를 보면 각 지역구는 인접한 구와의 관계성을 그림 3-3처럼 표현할 수 있습니다.

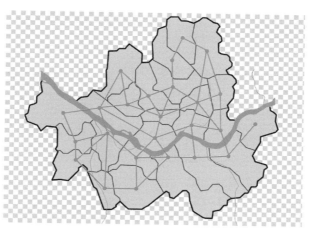

그림 3-3 구 마다 정점과 인근한 구를 선으로 연결한 지도

그래프와 트리 자료 구조 모두 원소가 노드를 통해 연결되어 있습니다. 한 줄로 요약하면 깊이 우선 탐색은 노드 형태의 자료 구조를 스택을 사용해 탐색하는 알고리즘이라 할 수 있습니다.

깊이 우선 탐색의 구현 방법을 서울에서 부산을 가는 것으로 비유해 설명하겠습니다. 다만 지리에 대한 지식이 전혀 없는 상태에서 가정해야 합니다.

그림 3-4 서울 인근의 시

- 서울에서 인접한 지역인 고양시로 출발합니다.
- 고양시에 인접한 다른 시가 있다면 해당 시를 방문합니다.
- 만약 고양시에 인접한 다른 시가 없다면 서울시 → 고양시 → 부산시는 불가능하므로, 다시 서울시에 인접한 다른 시를 방문합니다.

- 이와 같은 방식으로 방문 > 인접한 지역이 있는지 체크 > 있으면 방문 후 다시 인접한 지역이 있는지 체크하는 순서로 탐색합니다.

깊이 우선 탐색 방식을 사용하면 서울에서 부산까지 동선뿐만 아니라 서울에서 출발한 모든 방문 가능한 지역을 알 수 있게 됩니다. 이처럼 깊이 우선 탐색은 **더 깊게 탐색이 가능하면 깊게 탐색하는 방식**입니다. 계속해서 깊게 탐색해 보고, 가장 깊이가 깊은 곳에 대한 탐색이 끝나면 그보다 조금 높은 깊이에 대한 탐색을 하는 것이죠. 그렇다면 자바스크립트에서 깊이 우선 탐색은 어떻게 구현할 수 있을까요?

```javascript
#javascript

// 그래프 데이터를 생성하는 클래스
class SeoulGraph {
  constructor() {
    this.adjList = new Map(); // ①: 인접한 지역을 저장
  }

  // 각 지역(정점)을 추가하는 메서드
  addVertex(vertex) {
    if (!this.adjList.has(vertex)) {
      this.adjList.set(vertex, []);
    }
  }

  // 간선을 추가하는 메서드
  addEdge(vertex1, vertex2) {
    this.adjList.get(vertex1).push(vertex2);
    this.adjList.get(vertex2).push(vertex1);
  }

  // DFS 수행하는 메서드
  dfs(startVertex) {
    const visited = new Set(); // 방문한 지역이 저장되는 Set 타입 데이터
    // DFS 함수

    const dfsRecursive = (vertex) => {
```

```
      visited.add(vertex);
      console.log(vertex);

      const neighbors = this.adjList.get(vertex);

    for (const neighbor of neighbors) {
        if (!visited.has(neighbor)) {
          dfsRecursive(neighbor);
        }
      }

    };

    dfsRecursive(startVertex);
  }
}

const graph = new SeoulGraph(); // ② 클래스 생성
graph.addVertex('강남구');
graph.addVertex('강동구');
graph.addVertex('강북구');
/// 이하 생략 ...

graph.addEdge('강남구', '서초구');
graph.addEdge('강남구', '용산구');
graph.addEdge('강남구', '성동구');
graph.addEdge('강남구', '광진구');
graph.addEdge('강남구', '송파구');

graph.addEdge('강동구', '광진구');
graph.addEdge('강동구', '송파구');
/// 이하 생략 ...

graph.dfs('강남구'); // ③ DFS 실행
```

코드 3-13

코드 3-13의 ①에서 Map이라는 데이터 타입을 통해 각 구가 인접한 어떤 구를 가지고 있는지 배열로 값을 할당할 수 있도록 선언했습니다. 일반적인 객체 형태를 사용해도 되지만, Map 객체를 사용한 이유는 Map 객체가 키-값의 쌍 및 키의 삽입 순서를 기억하기 때문입니다. ② new SeoulGraph( )를 통해 클래스를 생성한 후, addVertex 메서드를 사용해 각 지역을 선언합니다. 이때 각 지역은 그래프 자료 구조에서 정점에 해당합니다. 각 구에 대해 선언을 한 후, 각 구와 연결된 간선을 생성해 줍니다. 강남구의 경우 서초구, 용산구, 성동구, 광진구, 송파구와 인접해 있기 때문에 addEdge( ) 메서드를 통해 연결을 호출해 주었고, 강동구는 광진구, 송파구와 인접하였으므로 2개의 지역에 대해서만 호출해 주었습니다. 최종적으로 ③에 graph.dfs('강남구') 명령을 통해 강남구에서 시작하여 깊이 우선 탐색을 진행하게 됩니다. 해당 명령을 실행하면 강남구에서 시작해 모든 구를 방문한 순서대로 콘솔에 찍히게 됩니다.

깊이 우선 탐색을 통해서 우리는 출발 지점에서 방문할 수 있는 모든 지역(정점)을 찾을 수 있었습니다. 그러나 서울에서 부산까지 가는 동선을 찾는 최단 거리를 찾기에는 부적합해 보입니다. 이럴 때 사용할 수 있는 방법은 이어서 배워 볼 너비 우선 탐색입니다. 예제를 통해 더 알아보겠습니다.

예제

미로 탈출

당신은 미로 속에 갇혔습니다. 주어진 미로에서 출구까지 도달하는 경로를 찾아야 합니다. 이를 위해 깊이 우선 탐색(DFS) 알고리즘을 사용해야 합니다. 미로는 2차원 배열로 표현되며, 0은 이동할 수 있는 경로, 1은 벽, 'S'는 시작점, 'E'는 출구를 나타냅니다. 다음은 미로의 예시입니다.

예제 입력

```
#javascript

let maze = [
  ['S', 0, 1, 0, 0],
  [0, 0, 0, 0, 0],
  [0, 1, 1, 1, 1],
```

```
  [0, 0, 0, 0, 'E'],
  [1, 1, 1, 0, 1],
];
```

코드 3-14

DFS 알고리즘을 사용하여 시작점에서 출구까지의 경로를 찾는 함수를 구현해 봅시다.
이때, 이동은 상하좌우로만 가능하다고 가정합니다.

풀이

```javascript
#javascript

function dfs(maze, position = [0, 0], path = []) {
  let [x, y] = position;
  if (maze[x][y] === 'E') return [...path, position];

  let directions = [[0, 1], [0, -1], [1, 0], [-1, 0]];
  for (let [dx, dy] of directions) {
    let newX = x + dx, newY = y + dy;
    if (newX >= 0 && newX < maze.length && newY >= 0 && newY < maze[0].length
        && (maze[newX][newY] === 0 || maze[newX][newY] === 'E')) {
      maze[x][y] = 1; // 방문한 곳을 표시
      let result = dfs(maze, [newX, newY], [...path, position]);
      if (result) return result;
    }
  }
  return null;
}

console.log(dfs(maze));
```

코드 3-15

코드 3-15에서는 DFS 알고리즘을 사용하여 미로에서 출구까지의 경로를 찾습니다. 이
때, DFS는 현재 위치에서 갈 수 있는 모든 방향을 탐색하며, 이동할 수 있는 위치를 발

견하면 그 위치로 이동하고 이 과정을 반복합니다. 만약 출구를 찾지 못하면 이전 위치로 돌아가서 다른 방향을 탐색합니다. 이 과정을 출구를 찾거나 더 이상 탐색할 방향이 없을 때까지 반복합니다.

예제
이곳은 섬일까

DFS 알고리즘의 맛을 봤으니 조금 더 어려운 문제를 해결해 봅시다. 이번엔 2차원 배열을 하나의 지도로 생각하고, 땅과 바다를 의미하는 경우를 고려해 보겠습니다.

예제 입력

```javascript
#javascript

let map = [
  [1, 1, 0, 0, 0],
  [1, 1, 0, 0, 0],
  [0, 0, 1, 0, 1],
  [0, 0, 0, 1, 1],
  [0, 0, 0, 0, 0],
];
```

코드 3-16

map이라는 2차원 배열은 지형을 표현하고 있습니다. 여기서 '땅'은 1로 표시되며, 주변 상하좌우로 1이 연결되어 있을 때 하나의 섬이 됩니다. 0은 바다를 나타냅니다. 대각선으로 연결된 1은 연결된 것으로 판단하지 않습니다.

그렇다면 현재 map에서 섬은 총 3개가 됩니다.

```javascript
#javascript

let map = [
  [1, 1, 0, 0, 0],
  [1, 1, 0, 0, 0],
  [0, 0, 1, 0, 1],
```

```
    [0, 0, 0, 1, 1],
    [0, 0, 0, 0, 0],
  ];
```

코드 3-17

이와 같이 주어진 지도에서 섬의 개수를 판단하고자 할 때 어떻게 코드를 작성할 수 있을까요?

풀이

```javascript
#javascript

let map = [
  [1, 1, 0, 0, 0],
  [1, 1, 0, 0, 0],
  [0, 0, 1, 0, 0],
  [0, 0, 0, 1, 1],
  [0, 0, 0, 0, 0],
];

function dfs(grid, i, j) {
  if (i < 0 || j < 0 || i >= grid.length || j >= grid[0].length || grid[i][j]
  === 0) {
    return;
  }

  grid[i][j] = 0; // 방문한 곳을 표시

  dfs(grid, i + 1, j);
  dfs(grid, i - 1, j);
  dfs(grid, i, j + 1);
  dfs(grid, i, j - 1);
}

function countIslands(grid) {
  let count = 0;
```

```javascript
  for (let i = 0; i < grid.length; i++) {
    for (let j = 0; j < grid[0].length; j++) {
      if (grid[i][j] === 1) {
        dfs(grid, i, j);
        count++;
      }
    }
  }

  return count;
}

console.log(countIslands(map)); // 출력 결과: 3
```

코드 3-18

예제
네트워크 연결 확인

당신은 알고리즘 실력을 향상시켜 결국 최고의 소셜 네트워크 서비스를 제공하는 기업에 입사하게 됐습니다. 그곳에서 처음 맡게 된 업무는 바로 사용자들의 네트워크 연결 확인을 위한 로직을 작성하는 것입니다.

사용자들의 관계는 다음과 같이 2차원 배열로 주어지고, 각 배열의 요소는 연결된 사용자들의 ID를 의미합니다.

예제 입력

```javascript
#javascript

let connections = [
  [1, 2],
  [1, 3],
  [2, 3],
  [3, 4],
```

```
    [5, 6]
  ];
```

코드 3-19

connections를 보면 ID 1인 사용자는 ID 2, ID 3인 사용자와 각각 연결되고 있습니다.
ID 2인 사용자는 ID 1, ID 3인 사용자와 연결 중이네요! 3과 4도 연결되어 있으니 네트
워크 구성은 1-2-3-4로 보겠습니다. 반면 5, 6은 다른 1, 2, 3, 4와 연결이 없이 5, 6 사
이에서만 연결이 있으므로 총 네트워크는 1-2-3-4, 5-6으로 2개의 네트워크 구성이
됩니다.

이제 DFS 알고리즘을 사용해서 네트워크가 총 몇 개가 발생하는지 찾아내는 알고리즘을
작성해 봅시다.

풀이

```javascript
#javascript

let connections = [
  [1, 2],
  [1, 3],
  [2, 3],
  [3, 4],
  [5, 6]
];

function dfs(node, graph, visited) {
  visited[node] = true;

  for (let nextNode of graph[node]) {
    if (!visited[nextNode]) {
      dfs(nextNode, graph, visited);
    }
  }
}
```

```javascript
function countNetworks(connections) {
  let graph = {};
  let visited = {};
  let count = 0;

  for (let [node1, node2] of connections) {
    if (!graph[node1]) graph[node1] = [];
    if (!graph[node2]) graph[node2] = [];
    graph[node1].push(node2);
    graph[node2].push(node1);
    visited[node1] = false;
    visited[node2] = false;
  }

  for (let node in graph) {
    if (!visited[node]) {
      dfs(node, graph, visited);
      count++;
    }
  }

  return count;
}

console.log(countNetworks(connections)); // 출력 결과: 2
```

코드 3-20

코드 3-20은 DFS 알고리즘을 사용하여 주어진 배열에서 네트워크의 개수를 세는 함수를 구현한 것입니다. DFS 함수는 주어진 노드에서 시작하여 연결된 모든 노드를 방문합니다. 이제 각 노드를 방문하며 아직 방문하지 않은 노드를 발견할 때마다 카운트를 증가시킵니다. 이렇게 하면 네트워크의 개수를 알 수 있습니다.

너비 우선 탐색(Breadth-First Search, BFS)

너비 우선 탐색을 이해하기 위해 먼저, 예를 들어 설명하겠습니다.

학창 시절에 좋아하는 이성 친구가 생기면 어떻게 하셨나요? 친구 사이라면 직접 말을 할 수 있겠지만, 직접 말하는 것이 어려운 상황이라면 그(또는 그녀)를 알고 있는 친구를 찾아가 소개를 부탁할 수도 있습니다. 친구 중에 아는 사람이 없다면 친구의 친구 중에 알고 있는 사람이 있는지 알아봐 달라고 하기도 하죠.

너비 우선 탐색이 이 방식과 같습니다. 너비 우선 탐색은 각 레벨별로 모두 방문하고 그 다음 레벨을 탐색하게 됩니다. 내 친구를 모두 찾아가 물어본 다음, 친구의 친구를 찾아 가는 방식이죠. 이 과정은 개념적으로는 간결하지만 코드로 구현하는 데 깊이 우선 탐색 보다 복잡합니다. 이유는 다음과 같습니다.

여러분이 찾고자 하는 이성 친구를 F라고 가정해 봅시다.

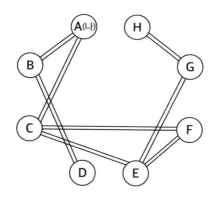

노드를 살펴보면 F를 소개받을 수 있는 경로는 다양하게 가능합니다. F의 친구인 C 또는 E를 통하는 방법이죠. 그러나 E는 내 친구가 아니기 때문에 E의 친구 중에서 C 또는 G를 통해야 합니다. 반면 C는 내 친구이기 때문에 F에게 접근하는데 거쳐야 할 레벨이 낮습니다.

만약 너비 우선 탐색을 구현하는 코드에서 방문했던 노드 기록에 대한 여부와 노드 순환 여부를 제대로 검사하지 않는다면 어떻게 될까요? "나 – C – E – C – 나"와 같이 엉뚱 한 순환이 발생해 무한 루프로 알고리즘이 고장 날 수 있습니다.

이 점에 주의하여 코드를 작성하면 다음과 같습니다.

```javascript
#javascript

// 그래프를 표현한 인접 리스트
const graph = {
  A: ['B', 'C'],
  B: ['A', 'D'],
  C: ['A', 'E', 'F'],
  D: ['B'],
  E: ['C'],
  F: ['C', 'E'],
  G: ['E', 'H'],
  H: ['G'],
};

// 너비 우선 탐색
function bfs(graph, startNode) {
  const visited = {};   // 방문한 정점을 저장할 객체
  const queue = [];      // 탐색할 정점을 저장할 큐

  visited[startNode] = true;   // 시작 정점을 방문 처리
  queue.push(startNode);        // 시작 정점을 큐에 추가

  while (queue.length > 0) {
    const node = queue.shift();   // 큐에서 정점을 하나씩 추출

    console.log(node);              // 정점 출력 (또는 원하는 작업 수행)

    const adjacentNodes = graph[node];   // 인접한 정점들을 가져옴
    for (let i = 0; i < adjacentNodes.length; i++) {
      const adjacentNode = adjacentNodes[i];
      if (!visited[adjacentNode]) {        // 방문하지 않은 정점인 경우
        visited[adjacentNode] = true;      // 방문 처리
        queue.push(adjacentNode);          // 큐에 추가
      }
    }
```

```
    }
  }

  // BFS 호출 예시
  bfs(graph, 'A');
```

코드 3-21

코드 3-21은 A에서 출발한 노드가 너비 우선 탐색을 하는 과정을 콘솔로 출력하는 함수입니다. 만약 A에서 B로 진행하는 최단 거리 노드를 찾고 싶다면 다음과 같이 수정할 수 있습니다.

```
#javascript

// 그래프를 표현한 인접 리스트
const graph = {
  A: ['B', 'C'],
  B: ['A', 'D'],
  C: ['A', 'E', 'F'],
  D: ['B'],
  E: ['C'],
  F: ['C', 'E'],
  G: ['E', 'H'],
  H: ['G'],
};

// 너비 우선 탐색
function bfs(graph, startNode, targetNode) {
  const visited = {};   // 방문한 정점을 저장할 객체
  const queue = [];     // 탐색할 정점을 저장할 큐
  const distances = {};   // 시작 정점으로부터의 거리를 저장할 객체

  visited[startNode] = true;   // 시작 정점을 방문 처리
  queue.push(startNode);       // 시작 정점을 큐에 추가
  distances[startNode] = 0;    // 시작 정점까지의 거리는 0
```

```javascript
  while (queue.length > 0) {
    const node = queue.shift();  // 큐에서 정점을 하나씩 추출

    if (node === targetNode) {
      return distances[node];   // 목표 정점에 도달한 경우 거리 반환
    }

   const adjacentNodes = graph[node];  // 인접한 정점들을 가져옴
    for (let i = 0; i < adjacentNodes.length; i++) {
      const adjacentNode = adjacentNodes[i];
      if (!visited[adjacentNode]) {       // 방문하지 않은 정점인 경우
        visited[adjacentNode] = true;    // 방문 처리
        queue.push(adjacentNode);        // 큐에 추가
        distances[adjacentNode] = distances[node] + 1;  // 거리 업데이트
      }
    }
  }

  return -1;  // 탐색 실패 시 -1 반환
}

// 최단 거리 계산 호출 예시
const shortestDistance = bfs(graph, 'A', 'B');
console.log(`A에서 B까지의 최단 거리: ${shortestDistance}`);
```

코드 3-22

코드 3-22는 노드를 순회하면서 노드간 거리를 distances 객체에 저장해 함수를 호출할 때 반환합니다.

예제

가장 좋아하는 연예인 소개받기

만약 여러분이 너비 우선 탐색을 사용하면 평소 좋아하던 '연예인을 소개받을 수 있지 않을까?'라는 생각을 하게 됐다면, 여러분이 알고 있는 사람으로부터 시작해 좋아하는 연예인을 소개받을 때까지는 최소한 몇 명을 거쳐야만 알 수 있을까요?

조건

- 모든 대한민국 시민의 친구 목록을 담고 있는 배열 korean이 있다.
- 배열의 각 원소는 이름, 주민등록번호, 친구(주민등록번호 배열)의 속성을 가진다.
- 소영이 좋아하는 연예인의 이름은 '최인기'이며 1985년 4월 10일이 생일이다.
- korean 배열의 원소 개수는 5,000 ~ 6,000만 개이다.
- (임의로 여러분의 이름을 '이소영'이라고 가정하고 예시 코드는 작성됐습니다.)

```javascript
#javascript

const korean = [
  {
    이름: "이소영",
    주민등록번호: "990825-2305941",
    친구: ["990412-1450372", "970501-2295043", ... ]
  },
  ...
]
```

코드 3-23

풀이

코드 3-22의 코드를 약간 수정하면 쉽게 해결이 가능합니다. 먼저 코드 3-22의 graph 상수는 객체 형태로 그래프 데이터를 다루고 있습니다. 반면 예제의 데이터는 객체를 원소로 담고 있는 배열 데이터입니다. 배열 데이터를 다룰 수 있도록 bfs( ) 함수를 수정하고, 검색 과정에서 '이름'과 '주민등록번호'를 키로 사용해 검색합니다.

```javascript
#javascript

const korean = [
  {
    이름: "이소영",
    주민등록번호: "990825-2305941",
    친구: ["990412-1450372", "970501-2295043", /* ... */ ]
  }
  // ... 다른 사용자 정보들 ...
```

```javascript
];

function findFriendOfFriendBFS(name, targetBirthdate) {
  const visited = new Set();
  const queue = [];

  // 이소영을 큐에 추가
  queue.push({ person: korean.find(person => person.이름 === name), depth: 0 });

  while (queue.length !== 0) {

    const { person, depth } = queue.shift();

    if (person) {
      // 현재 사용자의 친구 목록을 확인
      for (const friendId of person.친구) {
        const friend = korean.find(p => p.주민등록번호 === friendId);

        if (friend && !visited.has(friendId)) {
          visited.add(friendId);

          // 생일을 기준으로 최인기 찾기
          if (friend.주민등록번호.startsWith(targetBirthdate)) {
            return friend;
          }

          // 친구의 친구를 큐에 추가
          queue.push({ person: friend, depth: depth + 1 });
        }
      }
    }
  }

  return null; // 찾지 못한 경우
}
```

```
// 이소영의 친구의 친구 중 생일이 1985년 4월 10일인 사용자 찾기
const resultBFS = findFriendOfFriendBFS("이소영", "850410");
console.log(resultBFS);

// 최인기라는 이름을 찾는 코드는 여러분이 추가해보세요!
```
코드 3-24

코드 3-24의 방법을 사용하면 어렵지 않게 너비 우선 탐색을 사용해 나와 대상까지
의 최단 거리를 찾을 수 있습니다. 이 방법으로 내가 찾고 싶은 어떤 연예인도 소개받
는 경로를 찾을 순 있겠지만, 아쉽게도 대한민국 모든 사람들의 친구 정보를 담고 있는
Korean 배열 데이터를 획득하는 게 문제일 겁니다.

예제
가장 쉽게 히말라야 완주하기

그림 3-5 히말라야 산

히말라야는 전 세계에서 가장 높은 산으로 유명합니다. 히말라야산맥의 에베레스트의
경우 해발고도 8,849m에 이르고, 이를 이어서 K2(8,611m), 칸첸중가(8,586m)... 순으로
어마어마한 높이의 산들이 펼쳐져 있습니다.

필자가 산 전문가는 아니지만 다음의 조건이 정량화됐다고 가정하고 가장 쉽게 히말라야를 완주하는 동선을 계산해 봅시다.

조건

- 각 산에서 다음 산으로 넘어갈 때 연결된 산은 제한적이고, 각 산을 오르는 난이도 역시 다르다.
- 모든 산봉우리를 돌고 처음 위치로 돌아와야 한다.
- 가장 적은 난이도(difficulty)의 합을 가지는 경로를 찾아내야 한다.

예제 입력

```
#javascript

// 각 산정과 등산로의 정보
let peaks = [
  {name: "A", connections: [{peak: "B", difficulty: 3}, {peak: "C", difficulty:1}]},
  {name: "B", connections: [{peak: "A", difficulty: 3}, {peak: "C", difficulty: 2},
  {peak: "D", difficulty: 5}]},
  {name: "C", connections: [{peak: "A", difficulty: 1}, {peak: "B", difficulty: 2},
  {peak: "D", difficulty: 4}]},
  {name: "D", connections: [{peak: "B", difficulty: 6}, {peak: "C", difficulty: 4}]}
];
```

코드 3-25

예제 출력

```
difficulty: 13
path: ['A', 'B', 'D', 'C', 'A']
```

사실 이 문제는 최단 거리 문제이지만 모든 경우의 수를 다 고려해야 하므로 '외판원 문제'와 유사한 형태입니다. '외판원 문제'는 NP-완전 문제(6장에서 확인 가능)로 알려져 있는데 효율적인 해결 방법이 언제나 정해져 있지 않습니다. 이러한 점을 고려해서 최단 경로 문제라고 했을 때 언제나 BPS로 접근하면 안된다는 사실을 기억하셨으면 좋겠습니다.

풀이

```javascript
#javascript

function getPaths(graph, start, end, visited=[], paths=[]) {
  visited.push(start);
  if(start === end) {
    paths.push([...visited]);
    } else {
    for(let node in graph[start]) {
      if(!visited.includes(node)) {
        getPaths(graph, node, end, visited, paths);
      }
    }
  }
  visited.pop();
  return paths;
}

function getDifficulty(graph, path) {
  let difficulty = 0;
  for(let i=0; i < path.length-1; i++) {
    difficulty += graph[path[i]][path[i+1]];
  }
  return difficulty;
}

function getDifficulty(graph, path) {
  let difficulty = 0;
  for(let i=0; i < path.length-1; i++) {
    difficulty += graph[path[i]][path[i+1]];
  }
  return difficulty;
}
```

```
function getPermutations(array) {
  let results = [];

  if (array.length === 1) {
    results.push(array);
    return results;
  }

  for (let i = 0; i < array.length; i++) {
    let firstChar = array[i];
    let charsLeft = array.slice(0, i).concat(array.slice(i + 1));
    let innerPermutations = getPermutations(charsLeft);
    for (let j = 0; j < innerPermutations.length; j++) {
      results.push([firstChar].concat(innerPermutations[j]));
    }
  }
  return results;
}

function findPath(peaks, start) {
  const graph = createGraph(peaks);
  let minDifficulty = Infinity;
  let minPath;
  const nodes = Object.keys(graph);
  nodes.splice(nodes.indexOf(start), 1);

  const permutations = getPermutations(nodes);
  permutations.forEach(permutation => {
    const path = [start, ...permutation, start];
    const difficulty = getDifficulty(graph, path);
    if(difficulty < minDifficulty) {
      minDifficulty = difficulty;
      minPath = path;
    }
  });
```

```
    return {path: minPath, difficulty: minDifficulty};
  }

  console.log(findPath(peaks, "A"));
```

코드 3-26

앞의 함수를 실행하면 가장 쉬운 동선은 'A' – 'B' – 'D' – 'C' – 'A' 동선이며, 이때 난이
도는 13이 됩니다. 이렇게 최단 거리 문제이지만 모든 경우의 수를 찾아보는 전략을 사
용해야 할 때가 있습니다. 사실 이 문제는 그 밖에도 고민해 볼 요소가 있는데 바로 **가중
치 노드**에 대한 부분입니다.

예제 입력을 보면 배열의 각 요소에는 다음 산으로 갈 때 소요되는 난이도(difficulty)에
대한 값이 선언되어 있습니다. 이를 컴퓨터 과학적으로 표현하면 **'노드마다 가중치가 다
르다'**고 볼 수 있습니다. 만약 단순하게 A에서 D까지 가는 최단 경로를 구하라고 한다
면, 이때 우리가 사용할 수 있는 것이 데익스트라 알고리즘(Dijkstra Algorithm)으로 이후
다룰 동적 프로그래밍 방법을 활용한 최단 경로 탐색 알고리즘입니다.

특정 봉우리에서 타깃 봉우리까지 가는 최단 경로의 난이도 합을 구하기 위해선 다음의
함수를 사용할 수 있습니다.

```javascript
class PriorityQueue {
  constructor() {
    this.queue = [];
  }

  enqueue(node, cost) {
    this.queue.push({ node, cost });
    this.queue.sort((a, b) => a.cost - b.cost);
  }

  dequeue() {
    return this.queue.shift();
```

```javascript
  }
}

function createGraph(peaks) {
  const graph = {};


  peaks.forEach(peak => {
   graph[peak.name] = {};

   peak.connections.forEach(connection => {
       graph[peak.name][connection.peak] = connection.difficulty;
     });
   });

  return graph;
}

function dijkstra(peaks, start) {
    const graph = createGraph(peaks);
    const costs = {};
    const parents = {};
    const processed = [];
    const queue = new PriorityQueue();

    costs[start] = 0;
    queue.enqueue(start, 0);

    while (queue.queue.length > 0) {
       const { node: lowestNode } = queue.dequeue();

       if (!processed.includes(lowestNode)) {
         processed.push(lowestNode);

         Object.keys(graph[lowestNode]).forEach(neighbor => {
           const newCost = costs[lowestNode] + graph[lowestNode][neighbor];
```

```
        if (!costs[neighbor] || costs[neighbor] > newCost) {
          costs[neighbor] = newCost;
          parents[neighbor] = lowestNode;
          queue.enqueue(neighbor, newCost);
        }
      });
    }
  }

  return { costs, parents };
}

let peaks = [
  {name: "A", connections: [{peak: "B", difficulty: 3}, {peak: "C", difficulty:1},
  ],},
  {name: "B", connections: [{peak: "A", difficulty: 3}, {peak: "C", difficulty: 2},
  {peak: "D", difficulty: 5},],},
  {name: "C", connections: [{peak: "A", difficulty: 1}, {peak: "B", difficulty: 2},
  {peak: "D", difficulty: 4},],},
  {name: "D", connections: [{peak: "B", difficulty: 6}, {peak: "C", difficulty: 4},
  ],}
];

console.log(dijkstra(peaks, "A"));
```

코드 3-27

코드 3-27의 함수를 실행하면 A에서 다른 산으로 가기 위한 부모 노드를 획득할 수 있습니다. 가령 A로 다시 돌아오기 위해선 C를 경유하면 되고(난이도 합: 2), B를 가기 위해선 A에서 바로 B로 이동하는 것이 좋습니다. A에서 D로 가는 노드는 없으므로 경로를 확인하면 C를 경유해 D를 향하면 'A' – 'C'가 난이도 1, 'C' – 'D'가 난이도 4로 총 5의 난이도로 접근이 가능합니다.

예제

데익스트라 알고리즘이란?

그림 3-6 사진. 출처: 위키피디아 에츠허르 다익스트라(https://ko.wikipedia.org/wiki/에츠허르_데이크스트라)

데익스트라 알고리즘은 에츠허르 비버 데익스트라(Edsger Wybe Dijkstra, 1930. 5. 11. ~ 2002. 8. 6)라는 네덜란드 컴퓨터 과학자가 만든 알고리즘입니다. 그는 1972년 컴퓨터 과학에 업적을 남긴 사람에게 수상하는 튜링상을 수상하였습니다. 1972년 수상을 하게 된 이유가 바로 프로그래밍 언어 연구와 데익스트라 알고리즘이라는 거대한 업적을 세웠기 때문입니다.

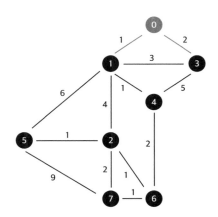

그림 3-7 데익스트라 알고리즘에 사용 가능한 가중치가 있는 노드

데익스트라 알고리즘은 음의 가중치(−)가 없는 그래프의 한 정점에서 모든 정점까지의 최단 거리를 각각 구하는 알고리즘으로, 가중치가 있는 경우에 사용하는 알고리즘입니다. 그가 처음 고안한 알고리즘은 O(n²)의 시간 복잡도를 가졌지만, 개선된 알고리즘이 나오면서 O((V+E)logV)(V는 정점의 개수, E는 한 정점의 주변 노드)의 시간 복잡도까지 가질 수 있게 됐습니다.

5

최소 신장 트리(Minimum Spanning Tree, MST)

너비 우선 탐색까지 공부한 분들이라면 이제 그래프 데이터를 탐색하는 강력한 방법 두 가지를 배운 것입니다. 앞선 두 가지 방법은 알고리즘의 초점이 정점에 있었습니다. 모든 정점을 순회하거나, 정점 사이의 최단 거리를 찾아내는 것이죠.

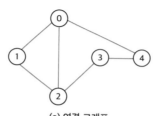

(a) 연결 그래프
정점 : 5개, 간선 : 6개

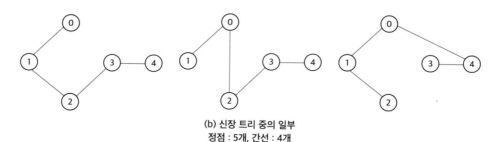

(b) 신장 트리 중의 일부
정점 : 5개, 간선 : 4개

그림 3-8 최소 신장 트리의 예시

반면 최소 신장 트리는 정점을 이어주는 간선을 위한 알고리즘이라 할 수 있습니다. 최소 신장 트리가 실생활에서 자주 쓰이는 예시는 다음과 같습니다.

• **네트워크 비용 계산 및 최적화**: 전국에 흩어진 네트워크 통신망을 배치할 때마다 얼마나

비용이 들어갈 수 있는지 계산할 수 있습니다. 이는 최소 신장 트리가 간선 가중치의 합이 최소인 트리를 구성할 수 있기 때문입니다.

그림 3-9

- 효율적인 전력망: A에서 B까지 전기를 보내야 할 때 여러 전력 공급망을 통해 전달될 것입니다. 이 중에서 가장 빠르고, 저렴한 공급 경로가 무엇인지 알 수 있습니다. 최소 신장 트리가 순환 구조가 없이 최단 경로를 찾을 수 있기 때문입니다.
- 네트워크의 확장: 최소 신장 트리는 네트워크를 위해 새로운 간선이나 정점이 추가되더라도 트리를 확장하거나 수정하여 최소 신장 트리를 계속해서 유지할 수 있습니다.

예제

프림(Prim) 알고리즘

바로 앞에서 설명한 것과 같이 최소 신장 트리는 산업 전반에서 폭넓게 사용되는 알고리즘입니다. 이 알고리즘을 구현할 때 크게 프림 알고리즘과 크루스칼 알고리즘을 사용해서 해결하게 되는데, 먼저 프림 알고리즘을 간단히 살펴봅시다.

```javascript
#javascript

function primMST(graph) {
```

```
        const parent = [];
        const key = [];
        const visited = [];
        const { length } = graph;
        for (let i = 0; i < length; i++) { // ①
            key[i] = Infinity;
            visited[i] = false;
        }
        key[0] = 0;
        parent[0] = -1;

        for (let count = 0; count < length - 1; count++) {
            let u = minKey(key, visited); // ②
            visited[u] = true;
            for (let v = 0; v < length; v++) {
                if (graph[u][v] && visited[v] === false && graph[u][v] < key[v]) { // ⑤
                    parent[v] = u;
                    key[v] = graph[u][v];
                }
            }
        }
        return parent;
}

function minKey(key, visited) {
    let min = Infinity;
    let minIndex;
    for (let v = 0; v < key.length; v++) {
        if (visited[v] === false && key[v] < min) { // ③
            min = key[v];
            minIndex = v; // ④
        }
    }
    return minIndex;
}
```

```
const graph = [
    [0, 2, 0, 6, 0],
    [2, 0, 3, 8, 5],
    [0, 3, 0, 0, 7],
    [6, 8, 0, 0, 9],
    [0, 5, 7, 9, 0]
];

console.log(primMST(graph)); // [ -1, 0, 1, 0, 1 ]
```

코드 3-28

코드 3-28은 최소 신장 트리를 찾아내는 함수인 primMST를 어떤 식으로 구현하는지 보여줍니다.

가장 먼저 입력값인 graph 배열을 봅시다. graph 배열은 배열 안에 배열을 담고 있는 2차원 배열입니다. 이 배열은 그래프의 인접 행렬(adjacency matrix)을 나타냅니다. 인접 행렬에서는 각 행과 열이 그래프의 각 노드를 나타내고, 각 셀의 값은 그 노드들 사이 간선의 가중치를 나타냅니다. 굉장히 복잡한 말이죠?

예를 들어, graph[1][2]의 값은 노드 1과 노드 2 사이의 간선 가중치를 의미합니다. 이때 값이 3이라면 두 사이의 가중치는 3이 됩니다. **최소 신장 트리는 간선의 가중치를 가장 적게 가져가는 트리 구조를 찾는 것입니다.** 그러므로 가중치가 적은 노드 간선을 찾는 알고리즘이 필요합니다.

조금 더 살펴보면 셀의 값이 0인 경우가 있습니다. 만약 값이 0이라면 간선이 존재하지 않다는 것을 뜻합니다. graph[0][0]은 값이 0입니다. 노드 0번과 노드 0번. 자기 자신이기 때문에 당연히 간선이 존재하지 않죠. 이어서 graph[1][1]도 마찬가지로 자기 자신과의 관계에서는 간선이 없습니다.

그래서 graph 배열을 보면 왼쪽 위에서 오른쪽 아래로 내려가는 0번이 보이실 겁니다. 이 경우를 제외한 다른 경우를 보죠. graph[0][2]도 0이라는 값을 가지고 있습니다. 노드 0과 노드 2와의 간선은 존재하지 않는다는 것을 뜻합니다. 즉 연결이 불가한 것이죠.

입력값인 graph 배열을 이제 이해했으니 알고리즘을 담당하는 함수 영역을 살펴봅시다.

코드를 자세히 살펴보면 먼저 primMST는 graph를 전달받아 graph.length만큼 순회하며 key[i]와 visited[i]의 초깃값을 설정하고 있습니다.(주석 ①) 이후 다시 배열을 순회하며 minKey라는 함수를 호출하게 됩니다.(주석 ②)

minKey 함수에서 보면 전체 배열을 순회하며 방문 여부를 기록하는 visited[v]가 false인지 그리고 key[v]가 min보다 작은지 확인하는 조건문이 실행됩니다.(주석 ③)

이 과정을 통해 조건에 맞게 되면 min 값을 얻고, minIndex를 업데이트합니다.(주석 ④)

전체 반복문이 돌고 나면 minIndex 값을 최종적으로 반환하게 됩니다. 그때 얻은 값은 let u = minKey(key, visited); 를 통해 u에 할당됩니다.(주석 ②)

이후 나오는 반복문을 거치면서 graph 배열의 값과 방문 상태, key 값의 상태를 비교하고, (주석 ⑤) 최종적으로 parent[v] = u; 형태로 반환할 배열에 할당하게 됩니다.

최종적으로 결과가 [-1, 0, 1, 0, 1]이라는 배열이 반환되게 됩니다. 이 값을 살펴보면 먼저 첫 번째 인덱스 요소인 -1은 부모 노드가 없기 때문에 인덱스를 찾을 수 없음을 의미합니다. 트리에서 부모 노드가 없다는 것은 최상위 루트 노드에 해당합니다. 그러므로 0번 인덱스의 노드 0은 루트 노드로 이해할 수 있습니다.

두 번째 인덱스와 네 번째 인덱스에는 0이라는 값이 있습니다. 배열에서 0이라는 값은 부모 노드의 값을 의미하고, 노드 1(두 번째 노드)과 노드 3(네 번째 노드)의 부모 노드가 노드 0을 의미합니다.

마지막으로 세 번째와 다섯 번째 인덱스의 값은 1입니다. 노드 2와 노드 4의 부모 노드는 노드 1임을 보여줍니다.

이를 그림으로 표현하면, 그림 3-10과 같이 표현할 수 있습니다.

그림 3-10

예제

크루스칼(Kruskal) 알고리즘

이제 프림 알고리즘만큼 자주 사용되는 크루스칼 알고리즘도 살펴봅시다. 크루스칼 알고리즘은 모든 간선의 가중치를 오름차순으로 정렬한 후, 가장 가중치가 낮은 간선부터 선택하여 트리를 생성합니다. 이때 선택하는 과정에서 사이클*을 생성하는 간선은 제외합니다.

```javascript
#javascript

function KruskalMST(graph) {
  const parent = [];
  const rank = [];
  let result = [];
  let edges = [];

  for (let u = 0; u < graph.length; u++) {
    for (let v = 0; v < graph.length; v++) {
      if (graph[u][v] !== 0) {
        edges.push([u, v, graph[u][v]]);
      }
    }
  }

  edges.sort((a, b) => a[2] - b[2]);

  for (let node = 0; node < graph.length; node++) {
    parent[node] = node;
    rank[node] = 0;
  }
```

....

* 그래프에서 사이클이란 시작 노드에서 출발해서 몇 번의 간선을 거쳐 다시 시작 노드로 돌아오는 경로를 뜻합니다. A – B – C – A 이렇게 돌아오는 노드가 있다면 이를 사이클을 형성했다고 표현합니다. 최소 신장 트리에서는 그래프의 모든 노드는 연결해야하지만 사이클을 형성하면 트리 조건에 어긋나게 됩니다.

```
  let i = 0;
  while (result.length < graph.length - 1) {
    let [u, v, w] = edges[i++];
    let x = find(parent, u);
    let y = find(parent, v);

    if (x !== y) {
      union(parent, rank, x, y);
      result.push([u, v, w]);
    }
  }
  return result;
}

function find(parent, node) {
  if (parent[node] !== node) {
    parent[node] = find(parent, parent[node]);
  }
  return parent[node];
}

function union(parent, rank, x, y) {
  if (rank[x] > rank[y]) {
    parent[y] = x;
  } else if (rank[x] < rank[y]) {
    parent[x] = y;
  } else {
    parent[y] = x;
    rank[x]++;
  }
}

const graph = [
  [0, 2, 0, 6, 0],
  [2, 0, 3, 8, 5],
  [0, 3, 0, 0, 7],
```

```
    [6, 8, 0, 0, 9],
    [0, 5, 7, 9, 0]
];


console.logruskalMST(graph));
// [ [ 0, 1, 2 ], [ 1, 2, 3 ], [ 1, 4, 5 ], [ 0, 3, 6 ] ]
```

코드 3-29

코드를 살펴보면 graph의 값은 앞선 프림 알고리즘 예제에서의 값과 동일합니다. 그러나 함수 영역이 KruskalMST( ), find( ), union( )이라는 함수가 추가됐습니다.

먼저 KruskalMST 함수는 전달받은 graph 배열을 통해 최소 신장 트리를 찾는 함수에 해당합니다. 모든 간선을 가중치에 따라 오름차순 정렬합니다. 이후 가장 작은 가중치의 간선을 선택합니다.(최솟값을 찾아야 하므로) 앞서 설명한 것처럼 사이클을 생성해서는 안되기 때문에 사이클 생성이 발생하는 간선은 제외합니다.

find 함수는 부모 노드와 노드가 일치하지 않는다면 find(parent, parent[node]); 를 통해 재귀적으로 찾을 때까지 find 함수를 돌리게 됩니다.(부모 노드 맞니? 아니면 너의 부모 노드 데려와!)

union 함수는 rank에 x, y를 넣어 비교하는 코드가 구성되어 있습니다. 여기서 rank는 두 트리의 높이에 해당하는데 둘을 비교하여 높이가 작은 트리를 큰 트리의 하위로 합치게 됩니다. 이 합치는 과정 때문에 일반적으로 union(조합, 협회, 연방, 연합)이라는 이름으로 함수를 선언합니다.

코드의 구조는 이해했으니 결괏값을 살펴봅시다. 결괏값은 앞선 프림 알고리즘에서와 차이가 있습니다. 예제 코드에서는 [노드 1, 노드 2, 가중치] 형태로 각 노드 사이의 가중치를 표기하였습니다.

즉 결괏값 [[0, 1, 2], [1, 2, 3], [1, 4, 5], [0, 3, 6]]은 다음과 같이 정리할 수 있습니다.

- [0, 1, 2]는 노드 0과 노드 1 사이 간선의 가중치가 2라는 것을 의미합니다.
- [1, 2, 3]은 노드 1과 노드 2 사이 간선의 가중치가 3이라는 것을 의미합니다.

- [1, 4, 5]는 노드 1과 노드 4 사이 간선의 가중치가 5라는 것을 의미합니다.
- [0, 3, 6]은 노드 0과 노드 3 사이 간선의 가중치가 6이라는 것을 의미합니다.

앞의 정리를 따라 생각해 보면 노드 0은 노드 1과 노드 3만 간선의 가중치가 있습니다. 즉 0은 1, 3하고만 연결된 상태입니다. 노드 1은 노드 2와 노드 4와의 가중치가 있습니다. 이를 트리 구조로 표현하면 다음과 같습니다.

그림 3-11

앞선 프림 알고리즘과 동일한 형태로 트리 구조를 만들 수 있음을 확인할 수 있습니다.

예제

도시를 가로지르는 전선 설치

앞선 2개의 코드를 조금만 변형하여 실제 도시에서 전선을 설치해야 한다면 어떤 상황일지 알아봅시다.

예제 입력

```
#javascript

// 각 도시 간 전선 설치 비용을 나타내는 그래프
const graph = [
  [0, 2, 0, 6, 0],
  [2, 0, 3, 8, 5],
  [0, 3, 0, 0, 7],
  [6, 8, 0, 0, 9],
  [0, 5, 7, 9, 0]
];

const cities = ["Seoul", "Busan", "Daegu", "Incheon", "Gwangju"];
```

코드 3-30

이전 예제와 graph의 값도 동일하며, 추가된 것은 도시의 이름을 담고 있는 cities 배열뿐입니다. 이를 활용해 도시간 최소한의 전선 설치 비용을 콘솔로 띄워봅시다.

풀이

```javascript
function KruskalMST(graph) {
    // ... 앞선 크루스칼 알고리즘의 코드를 이용합니다 ...
}

// 각 도시 간 전선 설치 비용을 나타내는 그래프
const graph = [
    [0, 2, 0, 6, 0],
    [2, 0, 3, 8, 5],
    [0, 3, 0, 0, 7],
    [6, 8, 0, 0, 9],
    [0, 5, 7, 9, 0]
];

const cities = ["서울", "부산", "대구", "인천", "광주"];
const result = KruskalMST(graph);

for (let i = 0; i < result.length; i++) {
    console.log(`${cities[result[i][0]]} 와 ${cities[result[i][1]]} 전선 연결 비
용: ${result[i][2]}`);
}
```

코드 3-31

cities 배열이 추가되어 함수를 수정해야 할 것으로 생각했다면 너무 깊이 생각한 겁니다. 이미 우리는 최소 신장 트리를 얻는 함수를 위에서 만들었기 때문에 이를 그대로 가져와서 적절하게 결괏값 표시만 하는 코드를 작성해 주면 됩니다.

4장

동적 프로그래밍

동적 프로그래밍이란?

동적 프로그래밍(Dynamic Programming, DP) 또는 동적 계획법이라고 불리는 알고리즘은 하나의 문제를 여러 개의 작은 문제로 나누어 해결하고, 해당 결과를 저장한 후에 더 큰 문제를 해결할 때 사용하는 방법론입니다. 그래서 알고리즘이라고 명시하기보다는 문제 해결에 대한 방법론으로 보는 관점도 있습니다.

동적 프로그래밍을 개발자의 입장에서 생각할 때 앞의 정의에서 중심을 두어야 하는 부분은 어디일까요? 바로 "큰 문제"라는 단어입니다. 해결하기에 "큰 문제"가 있어야 동적 프로그래밍의 효율성이 극대화됩니다. 대표적인 동적 프로그래밍의 예시를 살펴보며 어떤 큰 문제를 만날 때 사용하면 좋을지 알아봅시다.

예제

피보나치 수열

피보나치 수열은 학창 시절에 한 번쯤 들어 보셨을 겁니다. 1, 1로 시작해서 이어지는 두 개의 숫자를 더한 걸 계속 배열하는 수열입니다.

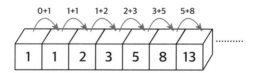

그림 4-1 피보나치 수열

이를 함수로 표현하면 f(n+2) = f(n) + f(n+1)라 할 수 있습니다. 피보나치 수열 함수를 바탕으로 f(1000)을 계산하면 어떤 일이 일어날까요? f(1)부터 시작해 1000까지 합산을 계속해서 반복할 뿐 아니라 똑같은 값을 호출하는 경우가 발생합니다.

$$f(998) = f(996) + f(997)$$
$$f(999) = f(997) + f(998)$$
$$f(1000) = f(998) + f(999)$$

생각해 볼 점은 똑같은 값을 함수로 호출하는 구조인데, 해당 함수는 재귀 함수 형태입니다. 즉 다음과 같은 연산이 생기게 됩니다.

$$f(1000) = f(998) + f(999)$$
$$= f(996) + f(997) + f(997) + f(998)$$
$$= f(994) + f(995) + f(995) + f(996) + f(995) + f(996) + f(996) + f(997)$$

피보나치 수열 함수를 단순하게 계산하면, 2단계만 넘어가도 동일한 값인 $f(997)$을 불필요하게 2번 연산해야 하는 걸 볼 수 있습니다. 그다음 단계에 가면 동일한 함수 $f(995)$와 $f(996)$을 3번씩이나 불필요하게 계산해야 합니다. 이러한 경우에 동적 프로그래밍 방법을 사용하면 반복되는 재귀 함수를 묶어 계산하여 효율성을 기하급수적으로 끌어올릴 수 있습니다. 피보나치 수열을 단순하게 코드로 작성하면 다음과 같습니다.

```javascript
#javascript

function fibonacciRecursive(n) {
  if (n <= 1) {
    return n;
  }
  return fibonacciRecursive(n - 1) + fibonacciRecursive(n - 2);
}

const n = 1000;
console.log(fibonacciRecursive(1000));
```

코드 4-1

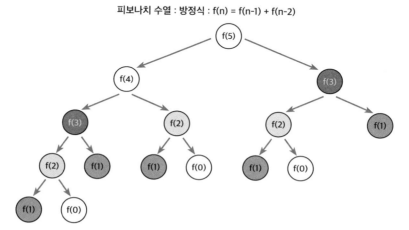

피보나치 수열 : 방정식 : $f(n) = f(n-1) + f(n-2)$

그림 4-2 피보나치 수열 함수의 트리

그림 4-2에서 보면 알 수 있듯이, 함수에서 재사용되는 함수가 트리를 타고 올라감에 따라 반복적으로 나타나게 됩니다. 만약 이 함수를 저장해서 두지 않는다면 각 함수는 재귀 함수이기 때문에 아래에 엄청나게 많은 연산을 반복하게 될 것입니다. 이를 해결하기 위해 f(n)에 대한 값을 저장하며(작은 문제), 최종적으로는 f(1000)과 같은 큰 연산(큰 문제)도 해결할 수 있게 됩니다.

```javascript
#javascript

function fibonacci(n) {
  const fibValues = [0, 1]; // 배열을 사용해 이미 계산한 값을 저장

  for (let i = 2; i <= n; i++) {
    fibValues[i] = fibValues[i - 1] + fibValues[i - 2];
  }

  return fibValues[n];
}

const n = 1000;
const fibonacci1000 = fibonacci(n);
console.log(`피보나치 수열의 ${n}번째 값: ${fibonacci1000}`);
```

코드 4-2

예제

문자열이 제대로 일치할까?

문자열이 서로 일치하는지 판단할 때 주로 와일드카드 패턴(Wildcard Pattern)이라는 것을 사용해 검증하게 됩니다. 와일드카드 패턴 매칭(Wildcard Pattern Matching)은 문자열 매칭 문제의 한 종류로, 와일드카드 문자(*와 ? 등)를 포함한 패턴과 주어진 문자열을 비교하여 패턴과 일치하는지 확인하는 문제입니다. 보통 와일드카드 문자를 말할 때 별표(*)만을 생각하는 경우가 많지만, 물음표(?)도 와일드카드 문자의 일종입니다. 각 와일드카드 문자의 의미는 다음과 같습니다.

별표(*): 0개 이상의 길이의 문자열과 일치할 때 사용.

물음표(?): 하나의 문자와 일치할 때 사용.

예를 들면 다음과 같이 검사를 할 수 있습니다.

```javascript
// 와일드카드 패턴과 매칭되는지 확인하고, true 또는 false를 리턴하는 함수
function isMatch(pattern, text) {
  if (pattern.length === 0) {
    return text.length === 0;
  }

  if (pattern[0] === '*') {
    // *인 경우, 0글자부터 text의 길이 매칭
    for (let i = 0; i <= text.length; i++) {
      if (isMatchSimple(pattern.substring(1), text.substring(i))) {
        return true;
      }
    }
    return false;
  } else if (pattern[0] === "?") {
    // ?인 경우, 텍스트의 현재 글자가 존재하는지 확인
    if (text.length === 0) {
      return false;
    }
    return isMatch(pattern.substring(1), text.substring(1));
  } else if (pattern[0] === text[0]) {
    // 현재 패턴 문자와 텍스트 문자가 일치하는 경우 다음 문자 비교
    return isMatch(pattern.substring(1), text.substring(1));
  } else {
    // 일치하지 않는 경우
    return false;
  }
}
```

```javascript
// 결과 출력
console.log(isMatch("he*o", "hello")); // true
console.log(isMatch("h? ", "hi")); // true
console.log(isMatch("f*o", "faa")); // false
```

코드 4-3

코드 4-3과 같이 작성할 경우 별표(*)인 경우에 문자열에 대해 길이가 얼마나 길던 하나 하나 매칭하며 비효율적 연산을 발생시킵니다. 검증해야 하는 문자열의 길이가 긴 경우 라면 계산 시간은 지수적으로 증가할 것입니다. 반면 동적 프로그래밍을 활용하면 다음 과 같이 코드를 개선할 수 있습니다.

```javascript
#javascript

function isMatch(pattern, text) {
  const m = pattern.length;
  const n = text.length;

  // dp[i][j]는 pattern의 처음 i 글자와 text의 처음 j 글자가 일치하는지를 저장하는 배열
  const dp = Array.from({ length: m + 1 }, () => Array(n + 1).fill(false));

  // 빈 패턴과 빈 텍스트는 항상 일치
  dp[0][0] = true;

  // 패턴이 *로 시작하는 경우에는 빈 텍스트와도 일치하므로 dp[i][0]을 갱신
  for (let i = 1; i <= m; i++) { // ①: m만큼 순회하는 반복문
    if (pattern[i - 1] === '*') {
      dp[i][0] = dp[i - 1][0];
    }
  }

  // 동적 프로그래밍을 통해 dp 배열 갱신
  for (let i = 1; i <= m; i++) { // ②: m과 n만큼 순회하는 중첩 반복문
    for (let j = 1; j <= n; j++) {
      if (pattern[i - 1] === '*') {
        // 와일드카드(*)인 경우,
```

```
          // 이전에도 *이거나 현재 문자와 이전 패턴 문자가 일치하는 경우,
          // 또는 이전 문자열과 일치하는 경우를 검증
        dp[i][j] = dp[i - 1][j] || dp[i][j - 1] || dp[i - 1][j - 1];
      } else if (pattern[i - 1] === '?' || pattern[i - 1] === text[j - 1]) {
          // ?이거나 현재 패턴 문자와 텍스트 문자가 일치하는 경우
        dp[i][j] = dp[i - 1][j - 1];
      }
    }
  }

  // 최종 결과 반환 (pattern의 전체 길이와 text의 전체 길이가 일치하는지 확인)
  return dp[m][n];
}

// 결과 반환
console.log(isMatch("g*ks", "geeks")); // true
console.log(isMatch("ge?ks*", "geeksforgeeks")); // true
console.log(isMatch("g*k", "gee")); // false
```

코드 4-4

코드 4-3과 코드 4-4는 모두 isMatch( ) 함수를 통해 패턴과 텍스트를 비교합니다. 그러나 코드 4-4는 **dp라는 2차원 배열**을 만들어 검증값을 저장합니다. (참고로 Array.from( )은 자바스크립트에서 특정 길이의 배열을 생성할 때 자주 사용되는 패턴입니다.)

그런데 코드 4-3과 코드 4-4를 비교해 보면 조금 이상한 부분이 있습니다. 바로 복잡도입니다. 코드 4-3은 하나의 반복문으로 찾을 때까지 검색하는 데 반하여, 코드 4-4는 패턴 문자열의 길이(m)만큼 순회하는 반복문①과 dp를 계산하는 반복문②로 구성되어 $O(n + n^2)$의 복잡도를 가집니다. 그러나 일반적인 경우를 고려해 연산의 총횟수를 고려해 보면, 코드 4-4가 더 나은 성능을 보이게 됩니다. 이유는 문자열의 길이가 길어질수록 코드 4-3의 재귀 호출과 중복 계산이 더 많이 발생하게 되고, 결과적으로 더 큰 처리 시간이 소요될 경우가 많습니다.

알고리즘의 이러한 특성으로 인해 반드시 **"복잡도가 높다, 낮다."**만을 가지고 성능을 계**산하는 것은 실제와 오류**를 만들 수 있습니다.

이러한 이유에서 알고리즘과 관련된 개발자 기술 면접에서는 이런 질문이 나오곤 합니다.

"$O(n^2)$과 $O(n)$을 비교할 때 언제나 $O(n)$이 더 **빠르다고** 보장할 수 있는가?"

정답은 "**그렇지 않다.**" 입니다. 순수하게 두 알고리즘의 성능을 비교하면 n이 커짐에 따라 비약적으로 $O(n^2)$이 많은 연산을 처리하겠지만 가령 빅오 표현 시 사라지는 상수항 값이 10,000으로 $O(n + 10000)$ 이었다면 $O(n^2)$가 더 빠른 n값 구간이 나타날 수 있습니다.

동적 프로그래밍의 필요성에 대해 잘 이해하셨을 것 같습니다. 앞선 예제에서 보듯이, 동일한 연산을 반복하는 문제를 효율적으로 해결하기 위해 동적 프로그래밍이 필요합니다. 이를 제외한 다른 예제로 '동전 교환 문제'를 들 수 있습니다.

예제
동전 교환

동전 교환 문제는 주어진 동전들의 종류와 교환하고 싶은 금액이 있을 때, 필요한 동전의 최소 개수를 구하는 문제입니다. 예를 들어, 동전의 종류가 1원, 5원, 10원, 25원이 있고, 30원을 만들고 싶다고 가정해 봅시다. 각 동전을 최소한으로 사용하여 30원을 만들기 위해서는 25원 1개와 5원 1개를 사용하면 됩니다. 그러므로 최소 동전 개수는 2개입니다. 이 문제를 동적 프로그래밍으로 해결하기 위해 필요한 생각은 "작은 문제로 큰 문제를 해결한다"는 개념입니다. 30원을 만들기 위해 29원, 28원, 27원, …, 1원을 만드는 방법을 알면, 30원을 만드는 방법도 알 수 있습니다. 이를 코드로 표현하면 다음과 같습니다.

```javascript
#javascript

function coinChange(coins, amount) {
  let dp = new Array(amount + 1).fill(Infinity);
  dp[0] = 0;

  for (let coin of coins) {
    for (let i = coin; i <= amount; i++) {
      dp[i] = Math.min(dp[i], dp[i - coin] + 1);
    }
  }
```

```
    return dp[amount] === Infinity ? -1 : dp[amount];
}
```

코드 4-5

코드 4-5는 동전의 종류를 순회하면서, 각 동전으로 만들 수 있는 금액을 계산하는 방식으로 동작합니다. 각 금액을 만드는 데 필요한 동전의 최소 개수는 이전에 계산한 최소 개수와 현재 동전을 사용했을 때의 최소 개수 중 작은 값으로 갱신됩니다. 이렇게 작은 문제의 해답으로부터 큰 문제의 해답을 찾아가는 것이 동적 프로그래밍의 핵심입니다. 동적 프로그래밍은 이처럼 복잡한 문제를 작은 문제로 분해하여 해결하는 방법론으로, 효율성을 극대화하는 데 도움을 줍니다.

예제

작은 마을에서 일어난 도난 사건

작은 마을에는 N개의 집이 모두 트리 구조로 연결되어 있습니다. 각 집에는 골드가 일정량 보관되어 있습니다. 당신은 이 마을의 주민이며, 마을의 모두가 잠든 밤, 이웃집에서 골드를 가져올 계획을 세웠습니다. 하지만 깨어있는 주민이 발견하면 큰 문제가 될 수 있으므로, 특정 집에서 골드를 훔친 경우 그 집과 직접적으로 연결된 이웃집에서는 골드를 훔치지 않아야 합니다. 주어진 트리 구조와 각 집에 보관된 골드의 양을 고려할 때, 당신이 훔칠 수 있는 골드의 최대량을 구하는 프로그램을 작성하세요.

입력

첫째 줄에는 집의 개수 N(2 ≤ N ≤ 10,000)이 주어집니다. 둘째 줄에는 각 집에 보관된 골드의 양이 공백으로 구분되어 주어집니다. 그다음 줄부터 N-1개의 줄에는 각 집과 집 사이의 연결 정보가 두 개의 정수로 주어집니다.(연결 정보는 양방향입니다)

출력

훔칠 수 있는 골드의 최대량을 출력합니다.

예제 입력

```
7
6 7 4 8 2 9 5
1 2
1 3
2 4
2 5
3 6
3 7
```

예제 출력

```
28
```

힌트

- 동적 프로그래밍과 트리 구조를 활용하여 문제를 해결합니다.
- 각 집을 root로 하는 서브 트리에 대하여, root를 포함하는 경우와 포함하지 않는 경우의 최대 골드양을 계산하고, 이 중 최댓값을 선택합니다.
- 이 과정을 트리의 모든 노드에 대해 수행합니다. 트리의 루트부터 시작하여 리프 노드까지 순회하며 각 노드에 대한 최대 골드양을 계산합니다. 이때, 각 노드의 자식 노드를 순회하며, 자식 노드를 포함하는 경우와 포함하지 않는 경우의 최대 골드양을 계산하고, 이 중 최댓값을 선택합니다.
- 모든 노드에 대한 계산이 완료되면, 훔칠 수 있는 골드의 최대량을 출력합니다.

풀이

문제를 해결하기 위해선 트리의 각 노드에 대해 두 가지 경우를 고려해야 합니다. 해당 노드를 포함하는 경우와 포함하지 않는 경우입니다. 이 두 가지 경우에 대한 최대 골드양을 계산하고, 이들 중 더 큰 값을 선택합니다. 이를 위해 각 노드의 자식 노드를 순회하며, 자식 노드를 포함하는 경우와 포함하지 않는 경우의 최대 골드양을 계산합니다. 이 과정을 트리의 모든 노드에 대해 수행하면, 훔칠 수 있는 골드의 최대량을 구할 수 있습니다. 다음은 이를 구현한 자바스크립트 코드입니다.

```javascript
#javascript

const N = 7;
const gold = [6, 7, 4, 8, 2, 9, 5];
const tree = [
  [1, 2], // 집 0과 연결된 집들
  [0, 3, 4], // 집 1과 연결된 집들
  [0, 5, 6], // 집 2와 연결된 집들
  [1], // 집 3과 연결된 집들
  [1], // 집 4와 연결된 집들
  [2], // 집 5와 연결된 집들
  [2], // 집 6과 연결된 집들
];
const dp = Array.from(Array(N), () => Array(2).fill(0));

function dfs(node, parent, tree, gold, dp) {
  dp[node][0] = 0; // Node를 포함하지 않는 경우
  dp[node][1] = gold[node]; // Node를 포함하는 경우

  for (let neighbor of tree[node]) {
    if (neighbor === parent) continue; // 부모 노드는 건너뛰기
    dfs(neighbor, node, tree, gold, dp);
    dp[node][0] += Math.max(dp[neighbor][0], dp[neighbor][1]);
    dp[node][1] += dp[neighbor][0];
  }
}

function getMaxGold(N, gold, tree) {
  const dp = Array.from(Array(N), () => Array(2).fill(0));
  dfs(0, -1, tree, gold, dp);
  return Math.max(dp[0][0], dp[0][1]);
}

console.log(getMaxGold(N, gold, tree)); // 최대 골드 출력
```

코드 4-6

코드 4-6에서 dp[i][0]은 i번 집을 방문하지 않았을 경우의 최대 골드양을 저장하고, dp[i][1]은 i번 집을 방문했을 경우의 최대 골드양을 저장합니다. dfs 함수에서는 해당 노드를 방문하지 않았을 때와 방문했을 때의 최대 골드양을 계산합니다. 이를 위해 해당 노드의 자식 노드를 순회하며, 자식 노드를 방문하지 않았을 때와 방문했을 때의 최대 골드양을 계산하고, 이 중 더 큰 값을 선택합니다. 이 과정을 트리의 모든 노드에 대해 수행하면, 훔칠 수 있는 골드의 최대량을 구할 수 있습니다.

2 동적 프로그래밍을 사용해야 할 때

앞선 예시를 통해서 동적 프로그래밍이 어떤 상황에서 사용되는지 맛을 봤다면 이를 정리해 표현해 보도록 하겠습니다. 동적 프로그래밍은 크게 2가지 특징을 가지고 있습니다.

첫째로 최적 부분 구조(Optimal Substructure)를 가진다고 합니다. 우리가 마주하는 문제들 중 많은 문제가 전체를 해결하기보다는 부분을 해결하는 최적 해를 찾아내면, 이를 사용해 전체를 해결하는 데 효율적일 수 있습니다.

둘째로 중복 부분 문제(Overlapping Subproblems)를 해결하는 데 유리합니다. 전체 문제에서 일정 부분이 동일한 부분 문제로 구성되어있다면 동적 프로그래밍은 훌륭한 접근법이 될 수 있습니다. 이 과정에서 동일한 부분 문제(또는 하위 문제)의 연산된 값을 재활용하여 성능을 높이는 전략을 사용할 수 있습니다.

두 가지 상황에 해당할 수 있는 문제를 만났을 때 우리는 동적 프로그래밍을 사용하기에 적합하다고 말할 수 있습니다. 하지만 기술 면접처럼 제한된 환경에서 동적 프로그램의 사용 여부를 판단하기에는 막막할 수 있는데, 이럴 때는 앞서 서술한 대표적인 예시(피보나치 수열)와 최장 공통부분 수열(Longest Common Subsequence), 최단 경로 문제 등이 동적 프로그래밍 문제로 생각하고 접근하시면 수월합니다.

5장

탐욕 알고리즘

1   탐욕 알고리즘이란?

탐욕 알고리즘이란?

탐욕 알고리즘은 흔히 그리디(Greedy) 알고리즘이라 불리며, 한국어로 풀어보면 욕심쟁이 알고리즘이라 할 수 있습니다. 욕심쟁이라는 말처럼 미래를 보는 게 아닌 각 단계에 최적인 답만을 선택하는 전략에 해당합니다. 그렇기 때문에 탐욕 알고리즘은 최적의 해가 아닌 결과를 도출하는 경우가 발생할 수 있습니다. 그러나 그런데도 탐욕 알고리즘은 굉장히 많은 경우에 사용됩니다.

예제
편의점 진상처럼 잔돈 주기(거스름돈 문제)

요즘은 종종 온라인 커뮤니티를 통해 빌런을 보기도 합니다. 그중에서 유명한 빌런 패턴 하나는 편의점에서 행패를 부리고, 점원에게 화가 난 진상 고객이 물건을 구매할 때 동전을 잔뜩 가져와 결제하는 경우가 있습니다.

그림 5-1 동전을 수천 개로 결제하는 경우

이때, 대부분의 경우 진상 고객은 잔돈을 가져와 편의점 점원에서 던지며 알아서 세고, 결제하라고 시킵니다. 우리는 이제 진상에게는 잔돈을 최대한 잔뜩 주는 경우의 수를 찾는 코드를 탐욕 알고리즘을 통해 작성해 봅시다.

먼저 진상 고객이 아닌 손님에게 제공할 최적의 잔돈을 제공하는 알고리즘을 살펴보겠습니다.

```javascript
#javascript

function calculateChange(itemPrice, amountPaid) {
  let change = amountPaid - itemPrice;

  if (change < 0) {
    console.log("지불 금액이 부족합니다.");
    return;
  }

  const denominations = [50000, 10000, 5000, 1000, 500, 100, 50, 10];
  const changeResult = {};

  for (const denomination of denominations) {
    const count = Math.floor(change / denomination);

    if (count > 0) {
      changeResult[denomination] = count;
      change -= denomination * count;
    }
  }

  console.log("잔돈:", changeResult);
}

// 예시: 35,000원짜리 물건을 50,000원으로 지불했을 때의 잔돈 계산
calculateChange(35000, 50000);
```

코드 5-1

반대로 진상 고객에게 최대한 많은 거스름돈을 주는 전략을 사용해 봅시다. 코드 5-2는 가게에 각 지폐와 동전이 100개씩 있다고 했을 때 최대한 동전과 지폐를 만드는 알고리즘입니다.

```javascript
#javascript

function giveChange(itemPrice, amountPaid) {
  let change = amountPaid - itemPrice;

  if (change < 0) {
    console.log("지불 금액이 부족합니다.");
    return;
  }

  const denominations = [10000, 5000, 1000, 500, 100, 50, 10];
  const changeResult = {};

  for (const denomination of denominations.reverse()) {
    const count = Math.min(Math.floor(change / denomination), 100);
    // 최대 100개씩 사용 가능

    if (count > 0) {
      changeResult[denomination] = count;
      change -= denomination * count;
    }
  }

  if (change === 0) {
    console.log("손님에게 최대한 많은 잔돈을 주는 방법:");
    console.log(changeResult);
  } else {
    console.log("거스름돈을 줄 수 없습니다. (동전/지폐가 부족합니다.)");
  }
}

giveChange(5000, 10000);
```

코드 5-2

코드 5-2를 실행하면 10원 100개, 50원 80개를 사용하라는 결과를 얻을 수 있습니다. 저희는 편의점 아르바이트를 하면서도 진상 손님을 대할 최고의 전략을 확보했습니다.

예제

어떻게든 회의를 가장 많이 하는 회사

회사 생활에서 회의는 피할 수 없는 존재입니다. 알고리즘 문제에서도 회의는 피할 수 없습니다. 알고리즘을 잘하는 사람들은 어떻게 하면 더 많은 회의를 제한된 회의 공간에서 할 수 있는지를 배우게 됩니다. 바로 탐욕 알고리즘에서 자주 나오는 패턴은 회의실 문제입니다.

회의실 문제는 회의 일정(회의 시작 시간, 회의 끝 시간)이 많을 때 주어진 회의실을 최대한 사용해서, 여러 회의가 진행될 수 있는 경우의 수를 찾는 문제입니다. 가령 회의를 하고자 하는 시간이 다음과 같다고 할 때,

- 개발 1팀: 오후 12시 ~ 오후 2시
- 개발 2팀: 오후 1시 ~ 오후 3시
- 디자인팀: 오후 2시 ~ 오후 4시
- 기획팀: 오후 3시 ~ 오후 5시
- 마케팅팀: 오후 4시 ~ 오후 6시

다음과 같이 코드를 작성해 하나의 회의실에 최대한 많은 회의를 할 수 있는 경우의 수를 찾을 수 있습니다.

```javascript
#javascript

function maxMeetings(meetings) {
  // 종료 시간으로 정렬
  meetings.sort((a, b) => a[1] - b[1]);

  let currentMeeting = meetings[0];
  let count = 1;

  for (let i = 1; i < meetings.length; i++) {
    // 다음 미팅의 시작 시간이 현재 미팅의 종료 시간보다 늦거나 같으면
    // 예약하고 현재 미팅을 업데이트합니다
    if (meetings[i][0] >= currentMeeting[1]) {
      currentMeeting = meetings[i];
      count++;
```

```
    }
  }

  return count;
}

let meetings = [[0, 2], [1, 3], [2, 4], [3, 5], [4, 6]];
console.log(maxMeetings(meetings)); // 결과: 3
```

코드 5-3

사실 회의실 문제는 경우의 수가 작은 경우, 회의 시간이 앞의 예시와 같을 때는 암산으로도 경우를 계산할 수 있습니다. [0,2], [2,4], [4,6]을 한 경우에 3개의 회의가 가능하며, [1,3]을 택한 경우 [3,5]만 가능합니다. 하지만 회의실의 개수가 여러 개이거나 회의의 개수와 시간이 큰 수가 될 때는 탐욕 알고리즘이 좋은 해결책이 됩니다.

탐욕 알고리즘의 대표적인 문제다 보니 여러 알고리즘 문제에서 이를 활용한 문제가 나오곤 하는데, 앞의 예시를 바꿔 가장 적게 회의실을 사용하는 방법(최대한 많이 회의 안하고 노는 전략)도 알아보도록 합시다.

```
#javascript

const meetings = [
  [0, 2],
  [1, 3],
  [2, 4],
  [3, 5],
  [4, 6],
];

function minMeetings(meetings) {
  // 회의를 종료 시간 기준으로 정렬
  meetings.sort((a, b) => a[1] - b[1]);

  let lastEndTime = -1;
  let count = 0;
```

```
    for (const meeting of meetings) {
      if (meeting[0] >= lastEndTime) {
        lastEndTime = meeting[1];
        count++;
      }
    }

    // 전체 회의 수에서 겹치지 않는 회의 수를 뺀 값이 최소 회의 수
    return meetings.length - count;
}

const result = minMeetings(meetings);

console.log(`가장 적게 참석해야 하는 최소 회의 수: ${result}`); // 예상 결과: 2
```

코드 5-4

이 예제에서 'minMeetings' 함수는 충돌 없이 예약할 수 있는 최소 회의 수를 계산합니다. 결과는 2로 앞선 계산에서와 같이 [1,3], [3,5]만 진행하는 경우의 수를 찾았습니다. 결과적으로 우리는 2개의 회의만 하고 나머지 회의는 미룰 수 있는 전략을 발견했네요!(유레카!)

예제
황금연휴를 넷플릭스로 보내는 방법

앞선 회의실 문제를 조금만 개선해서 삶에서 바로 사용해 볼 수 있는 알고리즘도 만들 수 있습니다. 요즘 많은 분들이 주말이나 연휴에 원하는 넷플릭스 시리즈를 정주행하시는데, 주어진 시간은 부족하고 보고 싶은 게 많다면 써볼 수 있는 알고리즘입니다.

```
#javascript

function maxSeries(series, timeLimit) {
    // 총 시간별로 시리즈 정렬
```

```javascript
  series.sort((a, b) => a.time - b.time);

  let count = 0;
  let currentTime = 0;

  for (let i = 0; i < series.length; i++) {
    // 남은 시간 동안 볼 수 있는 경우
    if (currentTime + series[i].time <= timeLimit) {
      currentTime += series[i].time;
      count++;
    } else {
      break;
    }
  }

   return count;
}

let series = [
  {name: "더글로리 시즌2", time: 7.25},
  {name: "킹덤 시즌2", time: 4.5},
  {name: "스위트홈 2", time: 9.5},
  {name: "이태원 클라쓰", time: 18.6}
];
let timeLimit = 20;

console.log(maxSeries(series, timeLimit));
```

코드 5-5

코드 5-5의 실행 결과는 다음과 같습니다. 황금연휴에 시간이 20시간이 있을 때, '더 글로리 시즌2'와 '킹덤 시즌2'는 시청 가능하지만, '스위트홈 2'와 '이태원 클라쓰'는 시간이 부족하여 시청할 수 없습니다.

이처럼 탐욕 알고리즘은 실생활의 다양한 문제에 효과적으로 적용할 수 있습니다. 하지만 항상 최적의 해를 찾는 것은 아니기 때문에, 문제의 특성을 잘 고려하여 사용해야 합니다. 예를 들어, '황금연휴에 넷플릭스 시리즈 몇 개나 볼 수 있을까?' 문제에서 시간이 허락한다면 '이태원 클라쓰'를 시청하는 것이 가장 좋은 선택일 수 있습니다. 하지만 탐욕 알고리즘은 '더 글로리 시즌2'와 '킹덤 시즌2'를 선택하여 더 많은 시리즈를 시청하려는 경향을 보입니다. 이처럼 탐욕 알고리즘의 선택은 항상 최적의 해를 보장하지 않습니다. 그럼에도 탐욕 알고리즘은 그 단순함과 효율성, 그리고 다양한 문제에 적용할 수 있는 유연성으로 인하여 많이 사용되고 있습니다. 이러한 알고리즘을 잘 이해하고 활용한다면, 여러분도 효과적인 문제 해결 전략을 개발하는 데 큰 도움이 될 것입니다.

예제
피난 가방에 넣어야 할 물건

앞의 예제의 탐욕 알고리즘을 한 단계만 더 발전시켜 보겠습니다. 이번에는 판단에 **2가지 이상의 조건**이 들어가는 경우를 고려해 봅시다.

탐욕 알고리즘은 '가방 문제'를 해결하는 데도 사용될 수 있습니다. 가방 문제는 한정된 무게 내에서 가방에 담을 수 있는 물건들의 가치를 최대화하는 문제입니다. 예를 들어, 전쟁으로 인해 도망가야 하는 절박한 상황을 생각해 봅시다. 가방에 넣을 수 있는 무게가 한정되어 있고, 각 물건들은 무게와 가치가 있을 때 어떤 물건을 선택해야 가장 생존에 도움이 될 수 있을까요? 이 문제를 해결하기 위한 코드는 다음과 같습니다.

```javascript
#javascript

function maxValues(items, weightLimit) {
  items.sort((a, b) => b.value / b.weight - a.value / a.weight);

  let totalValue = 0;
  let currentWeight = 0;

  for (let item of items) {
    if (currentWeight + item.weight <= weightLimit) {
      currentWeight += item.weight;
      totalValue += item.value;
    } else {
      let remainingWeight = weightLimit - currentWeight;
```

```
        totalValue += item.value * (remainingWeight / item.weight);
        break;
      }
    }
  }

  return totalValue;
}

let items = [
  {name: "책", weight: 1, value: 6000},
  {name: "노트북", weight: 3, value: 20000},
  {name: "카메라", weight: 2, value: 15000},
  {name: "옷", weight: 2, value: 8000}
];
let weightLimit = 5;

console.log(maxValues(items, weightLimit)); // 결과: 35000
```

코드 5-6

코드 5-6을 실행하면 가방에 넣을 수 있는 물건들의 최대 가치는 35,000원이라는 것을 알 수 있습니다. 즉, '노트북', '카메라'를 선택하여 가방에 넣는 경우가 가장 가치가 높습니다. 이처럼 탐욕 알고리즘은 한정된 자원 내에서 최대의 이익을 얻는 문제를 해결하는데 유용합니다. 하지만 이 알고리즘이 항상 최적의 해를 찾아주는 것은 아니므로, 사용할 때에는 주의가 필요합니다. 예를 들어, 다른 물건들보다 '노트북'의 가치가 높아 보이지만, 가방에 넣을 수 있는 무게 한계 때문에 '책'과 '카메라'를 선택하는 것이 더 유리할 수 있습니다. 이처럼 탐욕 알고리즘은 각 단계에서 최적의 선택을 하지만, 그 선택이 전체적으로 보았을 때 최선의 선택인지는 보장하지 않습니다. 따라서 탐욕 알고리즘을 사용할 때는 문제의 특성을 충분히 고려해야 하며, 이 알고리즘의 한계를 이해하고 있어야합니다.

팰린드롬 만들기

그림 5-2 펠린드롬 예시

회문이라는 표현을 들어보셨나요? 영어로 팰린드롬(palindrome)이라고 하는 회문은 정렬의 순서를 앞에서 읽으나 뒤에서 읽으나 동일한 경우를 뜻합니다. 간단한 예를 들면, 121은 거꾸로 배열해도 121이 되므로 팰린드롬인 수에 해당하지만 123은 거꾸로 하면 321이 되므로 팰린드롬이 아닙니다. 문자열도 동일하게 표현할 수 있습니다. 가령 ABA라는 문자열은 거꾸로 해도 ABA이므로 팰린드롬에 해당합니다.

팰린드롬을 검증하는 문제는 자주 찾아볼 수 있는데, 주어진 문자열을 조작하여 팰린드롬으로 만드는 코드를 작성해 봅시다.

조건

문자열에서 한 번에 한 개의 문자를 선택하여 문자열의 맨 앞이나 뒤에 추가시킬 수 있습니다. 이러한 조작을 통해 주어진 문자열을 팰린드롬으로 만드는 데 필요한 최소 조작 횟수를 구해봅시다.

입력

첫째 줄에 문자열 S가 주어집니다. (1 ≤ S의 길이 ≤ 2,000)

출력

문자열 S를 팰린드롬으로 만드는 데 필요한 최소 조작 횟수를 출력합니다.

예제 입력

abcd

예제 출력

3

출력 결과 예상

dcbabcd 또는 abcdcba

팰린드롬 문제를 해결하기에 적절한 방법은 탐욕 알고리즘을 사용하는 것입니다. 문자열의 앞이나 뒤에서부터 접근하여 같은 문자가 나올 때까지 문자를 추가하는 방식을 사용합니다.

```javascript
#javascript

let S = "abcd";
let left = 0, right = S.length - 1;
let moveCount = 0;

while (left < right) {
  if (S[left] === S[right]) {
    left++;
    right--;
  } else if (S[left] < S[right]) {
    right--;
    moveCount += 1;
  } else {
    left++;
    moveCount += 1;
  }
}
```

```
console.log(moveCount);
```
코드 5-7

코드 5-7에서는 문자열의 앞과 뒤에서부터 문자를 비교하며, 만약 두 문자가 다르다면 더 작은 문자를 반대쪽 끝에 추가합니다. 이때, 문자를 추가하는 횟수를 카운트합니다. 이 과정을 문자열의 중앙까지 반복하면, 주어진 문자열을 팰린드롬으로 만드는 데 필요한 최소 추가 횟수를 구할 수 있습니다.

예제
애너그램으로 팰린드롬 만들기

그림 5-3 에버랜드가 라벤더로 바뀌는 애너그램(이미지 참조 출처: https://namu.wiki/w/애너그램)

팰린드롬에 대해 익혀봤으니, 이번엔 애너그램을 활용하여 팰린드롬을 만드는 경우를 봅시다. 애너그램(Anagram)은 주어진 문자열의 순서를 재배열하는 것을 뜻합니다. 참고로 애너그램은 과거부터 문학 작품에 하나의 문장을 애너그램으로 구성할 수 있도록 하여 의미를 풍성하게 만들거나 암호를 숨기기도 했습니다.

조건
주어진 문자열을 팰린드롬으로 만들 수 있다면 팰린드롬으로 순서를 변경하여 문자열을 반환합니다. 만약 팰린드롬이 될 수 없는 문자열인 경우 false를 반환합니다.

ABDAB

ABDBA

풀이

주어진 문자열이 팰린드롬인지 아닌지를 검증하는 1단계는 문자열을 구성하는 각 문자가 몇 번 반복되는지 확인하는 것입니다. 만약 각 문자의 빈도가 짝수 개수만큼 등장하고, 최대 한 개의 문자만 홀수 번 등장한다면 팰린드롬으로 만들 수 있지만 그렇지 않은 경우라면 만들 수 없습니다.

```javascript
#javascript

function makePalindrome(S) {
  let charCount = {};
  for (let char of S) {
    if (char in charCount) {
      charCount[char]++;
    } else {
      charCount[char] = 1;
    }
  }

  let oddCount = 0;
  let oddChar = '';
  let evenChars = [];

  for (let char in charCount) {
    if (charCount[char] % 2 === 0) {
      for (let i = 0; i < charCount[char] / 2; i++) {
        evenChars.push(char);
      }
    } else {
      oddCount++;
```

```
      oddChar = char;
      if (oddCount > 1) {
        return false;
      }
      for (let i = 0; i < Math.floor(charCount[char] / 2); i++) {
        evenChars.push(char);
      }
    }
  }
}

  let palindrome = evenChars.join('') + oddChar + evenChars.reverse().join('');
  return palindrome;
}

console.log(makePalindrome('ABDAB'));   // 출력: 'ABDBA'
console.log(makePalindrome('ABDAB23')); // 출력: false
```

코드 5-8

코드 5-8에서는 먼저 각 문자의 빈도를 계산합니다. 그런 다음 홀수 빈도의 문자가 둘 이상이면 false를 반환하고, 그렇지 않으면 팰린드롬을 만듭니다. 팰린드롬은 짝수 빈도의 문자들 반절을 앞부분에 배치하고, 홀수 빈도의 문자를 중간에 배치하며, 짝수 빈도의 문자들 나머지 반을 뒷부분에 배치하여 만듭니다.

MEMO

6장

그 밖에 문제들

N-Queen 문제

여러분들은 체스를 한 번쯤은 둬보셨거나 들어보셨습니까? 체스하다 보면 가장 중요한 기물은 당연히 킹이겠지만(잡히면 게임에서 지기 때문에), 전투에 가장 필요한 기물은 단연코 퀸일 것입니다.

퀸은 가로, 세로, 대각선을 모두 이동할 수 있는 유일한 기물이며, 하나만 존재하기 때문에 체스에서는 퀸을 아주 높은 가치를 지니는 기물로 보고 있고, 이를 역이용하여 퀸을 상대방에게 주는 전략을 취하면서 게임을 반드시 이기는 시나리오를 펼치기도 합니다.

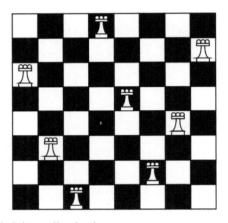

그림 6-1 N-Queen 문제에서 예시로 쓰이는 체스판

이처럼 퀸은 중요하기 때문에 퀸과 관련된 여러 전략들이 체스 역사에서 오랫동안 이뤄졌는데 그중에서도 N-Queen 문제는 체스와 알고리즘이 연결된 대표적인 예입니다.

N-Queen 문제는 체스판 위에 N개의 퀸을 배치하는 문제입니다. 어떤 두 퀸도 같은 행, 열, 또는 대각선에 위치하지 않도록 하는 모든 가능한 배치를 찾는 것입니다. 만약 같은 행, 열, 대각선에 하나라도 일치하게 된다면 일치한 퀸은 서로가 공격할 수 있는 상황에 노출되는 셈입니다. 그리고 이 문제는 **백트래킹 알고리즘**의 대표적인 예시로 알려져 있습니다.

백트래킹은 해결책에 대한 후보를 구축해 나가다가, 후보가 해결책이 될 수 없다고 판단되는 즉시 후보를 버리는 방식으로 문제를 해결하는 알고리즘입니다. N-Queen 문제에서는 각 행에 퀸을 배치하면서, 이미 배치된 퀸과 충돌하지 않는 위치를 찾습니다. 만약 충돌하는 위치가 없다면, 그 행에 대한 배치를 포기하고 이전 행으로 돌아가 다른 위치를 시도합니다.

이러한 방식을 사용하면, 모든 가능한 배치를 시도하지 않고도 문제의 해결책을 찾을 수 있습니다. 따라서, N-Queen 문제는 백트래킹 알고리즘의 효율성을 잘 보여주는 문제라고 할 수 있습니다. 예제로 알아보겠습니다.

예제
퀸을 위한 자리

```javascript
#javascript

function solveNQueens(n) {
  let board = Array(n).fill().map(() => Array(n).fill(false));
  let solutions = [];

  function isValid(row, col) {
    for (let i = 0; i < row; i++) {
      if (board[i][col]) {
        return false;
      }
    }

    for (let i = row, j = col; i >= 0 && j >= 0; i--, j--) {
      if (board[i][j]) {
        return false;
      }
    }

    for (let i = row, j = col; i >= 0 && j < n; i--, j++) {
      if (board[i][j]) {
        return false;
      }
    }
```

```
      return true;
  }

  function placeQueen(row) {
    if (row === n) {
        solutions.push(board.map(row => row.map(col => (col ? 'Q' : '.')).
join('')));
      return;
    }

    for (let col = 0; col < n; col++) {
      if (isValid(row, col)) {
        board[row][col] = true;
        placeQueen(row + 1);
        board[row][col] = false;
      }
    }
  }

  placeQueen(0);
  return solutions;
}

console.log(solveNQueens(4));
```

코드 6-1

코드 6-1은 체스판의 각 행을 순회하면서 퀸을 배치합니다. 각 위치에서는 isValid 함수
를 사용하여 해당 위치에 퀸을 배치할 수 있는지를 확인합니다. 퀸을 배치할 수 있는 위
치를 찾으면, 퀸을 배치하고 다음 행으로 이동합니다. 만약 행의 모든 위치가 유효하지
않다면, 이전 행으로 돌아가 퀸의 위치를 변경합니다. 이러한 방식을 통해 모든 행에 퀸
을 배치할 수 있는 모든 경우의 수를 찾을 수 있습니다.

예제

기사를 위한 자리

N-Queen 문제를 조금 변형해 기사(이하 나이트, Knight) 기물에 대해서도 생각해 봅시다. 마찬가지로 이 문제도 N-Queen 문제와 비슷하게 백트래킹 알고리즘을 사용하여 해결할 수 있습니다.

나이트는 체스에서 L자 형태로 움직이는 말입니다. 따라서 나이트가 서로 공격할 수 없다는 것은, 어떤 두 나이트도 L자 형태의 움직임으로 이동할 수 있는 위치에 있지 않도록 배치해야 한다는 것을 의미합니다. 이 문제를 해결하기 위한 조건은 다음과 같습니다.

조건

- 체스판의 각 칸을 순회하면서 나이트를 배치합니다.
- 각 위치에서는 이미 배치된 나이트와 충돌하지 않는지를 확인한 후, 충돌하지 않는다면 해당 위치에 나이트를 배치합니다.
- 만약 모든 위치에서 충돌이 발생한다면, 해당 칸에는 나이트를 배치하지 않습니다.

```javascript
#javascript

function solveNKnight(n) {
  let board = Array(n).fill().map(() => Array(n).fill(false));
  let solutions = [];

  let dx = [-2, -1, 1, 2, -2, -1, 1, 2];
  let dy = [1, 2, 2, 1, -1, -2, -2, -1];

  function isAttack(i, j) {
    for (let k = 0; k < 8; k++) {
      let x = i + dx[k];
      let y = j + dy[k];
      if (x >= 0 && y >= 0 && x < n && y < n && board[x][y]) {
        return true;
      }
    }
    return false;
```

```
    }

    function solve(row) {
      if (row === n) {
        solutions.push(board.map(row => row.map(col => (col ? 'K' : '.')).join('')));
        return;
      }

      for (let col = 0; col < n; col++) {
        if (!isAttack(row, col)) {
          board[row][col] = true;
          if (solve(row + 1)) {
            return true;
          }
          board[row][col] = false;
        }
      }
      return false;
    }

    solve(0);
    return solutions;
  }

console.log(solveNKnight(4));
```

코드 6-2

코드 6-2는 체스판의 각 행을 순회하면서 나이트를 배치합니다. 각 위치에서는 isAttack
함수를 사용하여 해당 위치에 나이트를 배치할 수 있는지를 확인합니다. 나이트를 배치
할 수 있는 위치를 찾으면, 나이트를 배치하고 다음 행으로 이동합니다. 만약 행의 모든
위치가 유효하지 않다면, 이전 행으로 돌아가 나이트의 위치를 변경합니다. 이러한 방식
을 통해 모든 행에 나이트를 배치할 수 있는 모든 경우의 수를 찾을 수 있습니다.

보너스 예제

나이트의 여정

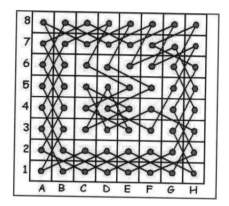

그림 6-2 나이트의 여정 문제의 경로

이 문제를 해결하는 방법은 다양하지만, 백트래킹 알고리즘을 활용해 해결해 보도록 합시다.

예제 입력

```
#javascript

let N = 8; // 체스판의 가로 세로가 몇 칸으로 이뤄졌는지

let sol = [
  [-1, -1, -1, -1, -1, -1, -1, -1],
  [-1, -1, -1, -1, -1, -1, -1, -1],
  [-1, -1, -1, -1, -1, -1, -1, -1],
  [-1, -1, -1, -1, -1, -1, -1, -1],
  [-1, -1, -1, -1, -1, -1, -1, -1],
  [-1, -1, -1, -1, -1, -1, -1, -1],
  [-1, -1, -1, -1, -1, -1, -1, -1],
  [-1, -1, -1, -1, -1, -1, -1, -1]
];  // 체스 보드의 각 칸(-1인 경우 아직 방문하지 않은 상태인 칸)
// 나이트의 이동 조건
```

// 인덱스 하나를 정하면 moveX와 moveY에 동일한 인덱스 값을 넣어 이동에 사용

```javascript
let moveX = [2, 1, -1, -2, -2, -1, 1, 2];
let moveY = [1, 2, 2, 1, -1, -2, -2, -1];
```

코드 6-3

풀이

```javascript
javascript
let N = 8;

let sol = [
  [-1, -1, -1, -1, -1, -1, -1, -1],
  [-1, -1, -1, -1, -1, -1, -1, -1],
  [-1, -1, -1, -1, -1, -1, -1, -1],
  [-1, -1, -1, -1, -1, -1, -1, -1],
  [-1, -1, -1, -1, -1, -1, -1, -1],
  [-1, -1, -1, -1, -1, -1, -1, -1],
  [-1, -1, -1, -1, -1, -1, -1, -1],
  [-1, -1, -1, -1, -1, -1, -1, -1]
];

let moveX = [2, 1, -1, -2, -2, -1, 1, 2];
let moveY = [1, 2, 2, 1, -1, -2, -2, -1];

function isSafe(x, y, sol) {
  return (x >= 0 && x < N && y >= 0 && y < N && sol[x][y] == -1);
}

function printSolution(sol) {
  for (let x = 0; x < N; x++) {
    for (let y = 0; y < N; y++) {
      console.log(sol[x][y] + " ");
    }
    console.log("\n");
  }
}
```

```
function solveKT() {
  sol[0][0] = 0;
  if (!solveKTUtil(0, 0, 1, sol, moveX, moveY)) {
    console.log("Solution does not exist");
    return false;
  } else {
    printSolution(sol);
  }
  return true;
}

function solveKTUtil(x, y, moveI, sol, moveX, moveY) {
  let k, nextX, nextY;
  if (moveI == N * N) return true;
  for (k = 0; k < 8; k++) {
    nextX = x + moveX[k];
    nextY = y + moveY[k];
    if (isSafe(nextX, nextY, sol)) {
      sol[nextX][nextY] = moveI;
      if (solveKTUtil(nextX, nextY, moveI + 1, sol, moveX, moveY))
        return true;
      else sol[nextX][nextY] = -1; // 백트래킹 발생
    }
  }
  return false;
}

solveKT();
```

코드 6-4

코드 6-4의 solveKT( ) 함수를 실행시키면 8×8 체스판에서 기사의 여정을 시작하게 됩니다. 설정된 시작점은 (0,0)이고, 만약 다른 시작점을 변수로 받거나 설정하고자 한다면 sol 배열에서 시작 위치를 −1에서 0으로 변경하고, solveKTUtil( ) 함수를 해당 위치에서 시작하도록 설정하면 됩니다.

2 | NP 문제와 브루트 포스 알고리즘

NP 문제는 컴퓨터 과학에서 사용되는 용어로, 'Nondeterministic Polynomial time'의 약자입니다. 이는 결정론적이지 않은 알고리즘으로 다항 시간 안에 문제의 해답을 '확인'할수 있는 문제를 의미합니다. 다시 말해, 주어진 해가 정답인지 아닌지를 다항 시간 내에판별할 수 있는 문제들을 NP 문제라고 합니다.

NP 문제의 중요한 특징 중 하나는 가능한 해의 수가 매우 많아서 모든 가능한 해를 직접확인하는 데는 지나치게 많은 시간이 필요하다는 것입니다. 하지만 일단 해답을 찾으면,그것이 정답인지를 비교적 빠르게 확인할 수 있습니다. 그럼, 예제로 알아보겠습니다.

예제

먹고 살기 힘든 방문 판매원

한 슬픈 방문 판매원의 이야기를 아시나요? 이 판매원은 회사와 잘못된 근로 계약을 맺어 전국을 돌아 모든 도시를 방문하고 나서야만 집으로 돌아올 수 있습니다. 전국에 도시가 너무 많은데 어떤 경로로 지나야 가장 빠르게 집으로 돌아올 수 있을까요?

이 문제는 주로 외판원 문제(TSP, Traveling Salesman Problem)라고 불리는 문제입니다.그래프 이론에서 잘 알려진 NP-Hard 문제입니다. 외판원은 각 도시를 정확히 한 번씩방문하고, 처음의 도시로 돌아오는 가장 짧은 경로를 찾아야 합니다.

이 문제의 해결 방법의 하나는 모든 가능한 경로를 확인하는 브루트 포스 방법입니다.

브루트 포스(Brute force)는 단어를 분해하여 해석하면

  brute: 짐승, 야만적인, 난폭한, 잔인함
  force: 힘, 강요하다, 시키다, 폭력을 가하다

라는 두 개의 단어가 합쳐져, 단순하고 야만적으로 모든 경우를 탐색한다고 볼 수 있습니다. 완전 탐색 알고리즘이라 볼 수 있으며, 가능한 모든 경우의 수를 탐색하게 됩니다.

하지만 이 방법은 도시의 수가 많아짐에 따라 계산량이 기하급수적으로 증가하므로, 실제로는 효율적인 알고리즘이 필요합니다. 다음은 외판원 문제를 브루트 포스 방법으로해결하는 자바스크립트 코드의 예시입니다.

```javascript
#javascript

function permute(arr) {
  if (arr.length === 1) {
    return [arr];
  }

  let permutations = [];
  for (let i = 0; i < arr.length; i++) {
    let rest = arr.slice(0, i).concat(arr.slice(i + 1));
    for (let subPermutation of permute(rest)) {
      permutations.push([arr[i]].concat(subPermutation));
    }
  }

  return permutations;
}

function tsp(distances) {
  let cities = Object.keys(distances);
  let shortestDistance = Infinity;
  let shortestPath;

  for (let permutation of permute(cities)) {
    let distance = 0;
    for (let i = 0; i < permutation.length - 1; i++) {
      distance += distances[permutation[i]][permutation[i + 1]];
    }
    distance += distances[permutation[permutation.length - 1]][permutation[0]];

    if (distance < shortestDistance) {
      shortestDistance = distance;
      shortestPath = permutation;
    }
  }
}
```

```
  return { shortestDistance, shortestPath };
}

let distances = {
  'A': { 'A': 0, 'B': 1, 'C': 3, 'D': 4 },
  'B': { 'A': 1, 'B': 0, 'C': 2, 'D': 5 },
  'C': { 'A': 3, 'B': 2, 'C': 0, 'D': 6 },
  'D': { 'A': 4, 'B': 5, 'C': 6, 'D': 0 }
};

console.log(tsp(distances));
```

코드 6-5

코드 6-5는 주어진 도시 간의 거리를 기반으로 모든 가능한 경로를 생성하고, 각 경로의 총거리를 계산하여 가장 짧은 경로를 찾습니다. 이렇게 해서 외판원 문제의 해를 찾을 수 있습니다. 하지만, 이 코드는 브루트 포스 방식을 사용하므로, 도시의 수가 많아질수록 실행 시간이 급격히 증가합니다. 따라서, 실제 문제를 해결할 때는 더 효율적인 알고리즘을 사용해야 합니다.

예제
블랙잭

블랙잭은 대부분의 사람들이 한 번쯤은 들어본 대표적인 카지노 게임입니다. 블랙잭에 관심이 있는 분들이라면 이 게임은 알고리즘(카드 카운팅)을 활용해 플레이어가 카지노를 이기는 경우의 수를 만들 수 있다는 것을 알고 계실 것입니다.

블랙잭의 구체적인 룰은 조금씩 다르지만 공통된 룰은 '카드의 합이 21을 넘지 않는 한도 내에서 각자가 가진 카드의 합을 최대한 크게 만들면 승리한다.' 입니다. 이를 알고리즘으로 적절히 변형하여 알고리즘으로 해결해 보도록 하겠습니다.

당신은 블랙잭 게임을 하려고 합니다. 블랙잭 게임의 규칙을 다음과 같이 정의하겠습니다.

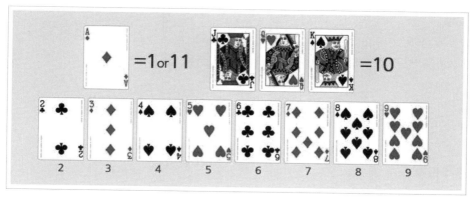

그림 6-3 블랙잭에서 카드의 숫자

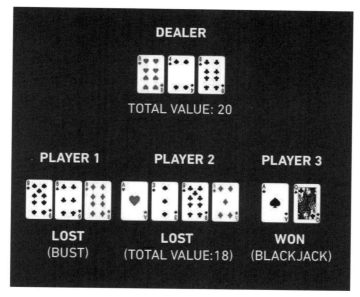

그림 6-4 각 플레이어 승리 경우의 수

- 딜러는 N장의 카드를 랜덤하게 나눠줍니다. 각 카드에는 양의 정수가 적혀있습니다.
- 플레이어는 3장의 카드를 골라 합을 구합니다. 이 합이 M을 초과하지 않는 한도 내에서 가장 큰 수를 만들어야 합니다.

주어진 카드와 M에 대해, 3장의 카드를 고른 합의 최댓값을 구하는 알고리즘은 어떻게 구현할 수 있을까요?

입력

– 첫째 줄에는 카드의 개수 N(3 ≤ N ≤ 100)과 M(10 ≤ M ≤ 300,000)이 주어집니다.

– 둘째 줄에는 N장의 카드에 적힌 수가 공백으로 구분되어 주어집니다.

출력

– 세 카드의 합의 최댓값을 출력합니다.

예제 입력

```
5 21
5 6 7 8 9
```

예제 출력

```
21
```

풀이

이 문제에서는 주어진 카드 중 3장을 선택하는 모든 경우의 수를 탐색하고, 이 중 합이 M을 초과하지 않는 한도 내에서 가능한 가장 큰 값을 찾으면 됩니다.

```javascript
#javascript

const N = 5, M = 21;
const cards = [5, 6, 7, 8, 9];
let answer = 0;

for (let i = 0; i < N; i++) {
  for (let j = i + 1; j < N; j++) {
    for (let k = j + 1; k < N; k++) {
      let sum = cards[i] + cards[j] + cards[k];
      if (sum <= M) {
        answer = Math.max(answer, sum);
      }
    }
```

```
    }
  }

console.log(answer);
```

코드 6-6

코드 6-6에서는 3중 for문을 이용해 모든 카드의 조합을 확인합니다. 각 조합의 합이 M 을 초과하지 않는 경우, 그 합을 최대 합과 비교하여 더 큰 값을 선택합니다. 이 과정을 모든 카드의 조합에 대해 수행하면, 3장의 카드를 고른 합의 최댓값을 찾을 수 있습니다.

MEMO

7장

자바스크립트에서 메모리

메모리 생존 주기

자바스크립트에서 메모리의 생존 주기는 대체로 다음과 같은 과정을 거칩니다.

1. 할당: 필요한 메모리를 할당받습니다. 이는 변수를 초기화할 때('let a = 10;'), 객체를 만들 때('let obj = {};'), 함수를 호출할 때 등 다양한 상황에서 발생합니다.
2. 사용: 할당받은 메모리를 읽거나 쓰는 작업을 수행합니다. 예를 들어, 변수의 값을 변경하거나 객체의 속성에 접근하는 등의 작업이 여기에 해당합니다.
3. 해제: 프로그램이 더 이상 해당 메모리를 필요하지 않을 때, 메모리는 해제되어 시스템에 반환됩니다. 자바스크립트에서는 가비지 콜렉터가 이 작업을 자동으로 수행합니다.

자바스크립트에서는 개발자가 직접 메모리를 할당하거나 해제하는 방법이 제공되지 않습니다. 대신, 자바스크립트 엔진의 가비지 콜렉터가 필요하지 않은 메모리를 자동으로 해제합니다. 이는 '표시하고-쓸기(Mark-and-sweep)' 알고리즘 등을 사용하여 수행됩니다.(**7.3 표시하고 쓸기(Mark-and-sweep) 알고리즘**에서 깊게 설명합니다.)

가비지 콜렉터는 메모리를 해제하는 기준으로 '도달 가능성(reachability)'을 사용합니다. 즉, 어떤 값이 도달 가능하다면 그 값은 아직 필요한 값이라고 판단하고 메모리를 유지하며, 도달할 수 있지 않다면 그 값은 더 이상 필요하지 않다고 판단하고 메모리를 해제합니다.

도달 가능성의 기준은 전역 변수 또는 중첩 함수의 체인 등에서 시작하여 참조를 통해 도달할 수 있는지에 따라 결정됩니다. 이 기준에 따라 가비지 콜렉터는 주기적으로 메모리를 검사하고 필요하지 않은 메모리를 해제합니다.

가비지 콜렉션

자바스크립트는 앞서 설명한 가비지 콜렉터가 가비지 콜렉션이라는 작업을 통해 메모리 관리를 합니다. 이는 프로그래머가 직접 메모리를 할당하거나 해제할 필요 없이, 더 이상 필요 없는 메모리를 자동으로 해제하는 방식입니다. 하지만 이렇게 편리한데도, 효율적인 메모리 관리는 성능 최적화에 중요한 역할을 합니다.

메모리 누수는 프로그램이 필요하지 않은 메모리를 계속 점유하고 있어 시스템 성능을 저하하는 현상을 말합니다. 자바스크립트에서는 불필요한 메모리를 잘 정리해 주지 않으면 메모리 누수가 발생할 수 있습니다.

예를 들어, 다음과 같은 코드가 있을 때,

```javascript
#javascript

let arr = [];

for(let i=0; i < 1000000; i++) {
  arr.push(new Array(100));
}
```

코드 7-1

코드 7-1은 1,000,000개의 배열을 생성하여 arr에 추가합니다. 각 배열은 100개의 요소를 가지고 있습니다. 이렇게 되면 많은 메모리가 사용되고, 이 메모리는 arr이 존재하는 동안 해제되지 않습니다.

이런 상황에서 메모리를 효율적으로 관리하기 위해 필요한 데이터만 남기고, 나머지는 해제하는 방법을 사용할 수 있습니다.

예를 들어, 다음과 같이 코드를 수정할 수 있습니다.

```javascript
#javascript

let arr = [];

for(let i=0; i < 1000000; i++) {
  let subArr = new Array(100);
  // subArr를 사용하는 코드
  subArr = null; // 더 이상 필요하지 않은 메모리 해제
}
```

코드 7-2

이처럼 필요하지 않은 메모리는 즉시 해제하여 메모리 사용량을 줄이고, 성능을 향상시킬 수 있습니다.

표시하고 쓸기(Mark-and-sweep) 알고리즘

'표시하고-쓸기(Mark-and-sweep)' 알고리즘은 가비지 콜렉션(Garbage Collection)에서 널리 사용되는 방식 중 하나입니다. 이 알고리즘은 사용되지 않는 메모리를 식별하고, 이를 해제하여 시스템에 반환하는 역할을 합니다. 자바스크립트 엔진은 메모리 관리를 자동으로 수행하며, 이 과정에서 '표시하고-쓸기' 알고리즘을 활용합니다.

'표시하고-쓸기' 알고리즘은 다음과 같은 과정을 거칩니다.

1. 표시(Mark): 가비지 콜렉터는 모든 객체를 순회하며, 접근할 수 있는 객체를 '표시'합니다. 접근 가능한 객체란, 어떤 방식으로든 접근할 수 있는 객체를 의미합니다. 이는 전역 객체에서 시작하여 참조를 따라가며 표시하는 작업을 수행합니다.
2. 쓸기(Sweep): 가비지 콜렉터는 다시 모든 객체를 순회하며, '표시'되지 않은 객체, 즉 접근이 불가능한 객체를 메모리에서 제거합니다. 이 과정에서 메모리가 해제되며, 이 메모리는 다시 사용할 수 있는 상태가 됩니다.

이렇게 '표시하고-쓸기' 알고리즘을 통해, 자바스크립트는 메모리 관리를 효율적으로 수행할 수 있습니다. 이를 통해 개발자는 메모리 관리에 대해 크게 걱정하지 않고, 애플리케이션 로직에 집중할 수 있습니다. 그러나 가비지 콜렉션은 CPU 자원을 사용하므로, 과도한 가비지 콜렉션은 성능에 부정적인 영향을 끼칠 수 있습니다. 따라서 코드 작성 시 메모리 효율성을 고려하는 것이 중요합니다.[*]

그 밖에 메모리 누수 시나리오

앞선 설명과 쭉 이어지는 개념으로 자바스크립트에서는 다음과 같은 상황들에서 메모리

---

[*] 자세한 내용은 mdn 문서를 참조(https://developer.mozilla.org/ko/docs/Web/JavaScript/Memory_management#표시하고-쓸기|mark-and-sweep_알고리즘)

누수가 발생할 수 있습니다. 대표적으로 클로저를 사용할 때 메모리 누수가 발생할 수 있습니다.

클로저는 내부 함수가 외부 함수의 변수에 접근할 수 있도록 하는 기능입니다. 하지만 클로저를 사용하면, 외부 함수의 변수가 내부 함수에 의해 계속 참조되므로 메모리가 해제되지 않는 문제가 발생할 수 있습니다.

이럴 때는 클로저를 적절히 사용하거나, 필요한 경우에만 사용하여 메모리 누수를 방지해야 합니다. 메모리 관리는 프로그램의 성능과 직접적으로 관련되어 있습니다. 적절한 메모리 관리 전략을 통해 프로그램의 효율성과 성능을 향상할 수 있습니다.

자바스크립트에서 메모리 관리를 위해 주의해야 할 사항들은 다음과 같습니다.

1. 글로벌 변수 사용 제한: 글로벌 변수는 애플리케이션이 종료될 때까지 메모리에 남아 있습니다. 그렇기 때문에 사용 후에 해제할 수 없어 메모리 누수를 초래할 수 있습니다. 필요한 경우에만 제한적으로 사용하는 것이 좋습니다.
2. 이벤트 리스너 제거: 이벤트 리스너는 DOM 요소에 연결되어 사용자의 행동을 감지합니다. 하지만, 이벤트 리스너가 더 이상 필요하지 않을 때 제거하지 않으면 메모리 누수를 초래할 수 있습니다. 따라서, 필요 없어진 이벤트 리스너는 반드시 제거해야 합니다.

```javascript
#javascript

let btn = document.getElementById('myButton');
btn.addEventListener('click', function(){
    // 클릭할 때 실행할 코드
});

// 후에 필요 없어진 경우
btn.removeEventListener('click', function(){
    // 이벤트 제거 후 실행할 코드
});
```

코드 7-3

3. 타이머 제거: 'setInterval'이나 'setTimeout'과 같은 타이머 함수는 지정된 시간이 지나면

특정 코드를 실행합니다. 하지만, 이 타이머가 더 이상 필요하지 않을 때 제거하지 않으면 메모리 누수를 초래할 수 있습니다. 따라서, 필요 없어진 타이머는 'clearInterval'이나 'clearTimeout'을 사용하여 제거해야 합니다.

```javascript
#javascript

let timerId = setInterval(() => {
  // 타이머 설정
}, 1000);

// 후에 필요 없어진 경우
clearInterval(timerId);
```

코드 7-4

4. 큰 데이터 처리: 매우 큰 데이터를 다루는 경우, 메모리 사용량이 급증할 수 있습니다. 이런 경우 데이터를 적절히 분할하거나, 스트림을 사용하여 한 번에 작은 부분만 처리하는 방법을 사용하면 메모리 사용량을 줄일 수 있습니다.

5. 객체의 참조 제거: 객체를 더 이상 사용하지 않을 때는 해당 객체에 대한 참조를 모두 제거해야 합니다. 그렇지 않으면 가비지 콜렉션에서 객체를 메모리에서 해제하지 않습니다.

먼 길을 오셨습니다.

자바스크립트라는 언어는 현시대를 이끄는 멋진 언어이고, 무한한 가능성을 가진 언어입니다. 많은 초급 개발자들, 학원과 부트캠프에서 배우기 쉽다는 이유로 자바스크립트와 웹 프로그래밍이 주를 이루곤 하지만 그렇다고 해서 자바스크립트와 이 생태계가 뒤떨어지지 않습니다.

아마도 이 책을 끝까지 읽은 분들이라면 자바스크립트로 된 대부분의 알고리즘 문제를 큰 틀에서 어떤 타입을 사용하면 좋을지 판별할 수 있으실 것이고, 또한 혼자서 코드를 작성하면서도 한 번쯤 알고리즘을 생각하는 순간들이 올 것입니다.
여러분이 애써서 읽어 주신 이 글의 지식들이 개발하는 할 때마다 언제든 꺼내 쓸 수 있는 도구가 되기를 원합니다. 능력 있는 목수는 자신이 사용할 도구를 정해진 장소에 깨끗이 보관합니다. 많은 개발자들이 힘들게 얻은 지식들을 방치해두고 녹슬게 내버려두곤 합니다.

이 책에 있는 지식이 여러분들 뇌가 아닌 손끝까지 전해진다면 세상을 빛낼 소프트웨어와 애플리케이션을 창조하는 일에 사용될 것입니다. 여러분은 이제 개발자 세상에서 살아남을 수 있는 귀중한 검을 얻으셨습니다. 이 검을 녹슬지 않게 조금씩 갈아 날카로움을 유지하고 사용한다면 여러분이 쓰는 코드는 쉽게 풀어 나갈 수 있고, 더욱 정교한 알고리즘을 따라 작동하는 소프트웨어가 될 것입니다.

마지막으로 항상 나를 사랑하고 믿어 주신 아버지와 어머니께 감사드립니다. 책에 이름을 남겨준 나의 형제보다 귀한 친구들께 고마움을 전합니다. 몰랐던 세상에 새로운 발을 내딛고, 용기를 내서 배움을 주저하지 않은 여러분에게도 응원과 감사를 전합니다.

감사합니다.

한상훈 드림

찾아보기

쉽게 설명한 **자바스크립트 알고리즘**

1판 1쇄 발행 2024년 8월 9일

저　　자 | 한상훈
발 행 인 | 김길수
발 행 처 | ㈜영진닷컴
주　　소 | (우)08512 서울특별시 금천구 디지털로9길 32
　　　　　 갑을그레이트밸리 B동 1001호
등　　록 | 2007. 4. 27. 제16-4189호

©2024. ㈜영진닷컴

ISBN | 978-89-314-7725-2

YoungJin.com **Y.**
영진닷컴